Zu Gast bei Monet

Titel der französischen Originalausgabe:
Les Carnets de cuisine de Monet

Die Originalausgabe des Buches erschien 1989 im
Verlag Editions du Chêne – Hachette Livre, Paris

www.ichlese.de
Archiv und Beratung: Jean-Marie Toulgouat
Styling: Nanou Billault
Satz: Carmen Marchwinski

ISBN 978-3-99011-018-8
Printed in Singapore

CLAIRE JOYES

ZU GAST BEI MONET

Der große Impressionist als Gourmet

180 ORIGINALREZEPTE

Aus dem Französischen
von Ingrid Ickler

EDITION STYRIA

Danksagungen

Die Autoren und der Verleger möchten ganz besonders herzlich Madame Nathalie Révillon danken, der Leiterin von Maxim's Traiteur, die mit viel Enthusiasmus und großer Sorgfalt die für diesen Band fotografierten Gerichte so originalgetreu wie möglich zubereitet hat.

Mein Dank gilt all denen, die mir durch Leihgaben ermöglicht haben, die Atmosphäre im Hause Monet zu rekonstruieren: Les Cristalleries de Saint Louis, Haviland & Parlon, Gérard Danton, Alain Fassier, Christian Benais, Jean-Pierre de Castro, Constance Maupin, Madeleine Gely, Hubert Brugiére, Artémise & Cunégonde, Jean-Claude Romain, Pierre G. Bernard, Fanette, La Tuile à loup, Au Bon Usage, Au Puceron Chineur, Eric Dubois, Madame est servie, La Galerie Paramythiotis, Nathalie Mabille von der Crêperie de Villers-en-Arthies, Fauchon, Cassegrain, Ercuis.

NANOU BILLAULT

Mein Dank gilt auch Monsieur Gérald Van der Kemp vom Institut des Konservators im Musée Claude Monet, Madame Gérald Van der Kemp für ihre unermüdliche Begeisterung für dieses Buch, Madame Claudette Lindsey für ihre großzügige, tatkräftige Hilfe sowie Madame Nathalie Mabille und Mademoiselle Catherine Gourdain.

CLAIRE JOYES

Inhalt

Vorwort

Begegnung mit einem großartigen Menschen.

Ich bin mit Leib und Seele Koch. Deshalb verließ ich meine Heimat Poitou in Richtung Paris, wo ich meiner Passion besser nachgehen konnte.

Während meiner Zeit als Küchenchef im Hotel Nikko besuchte ich 1980 das Haus von Claude Monet in Giverny – ein unvergessliches Erlebnis.

Der üppig blühende Garten erschien mir wie ein fantastisches Kunstwerk der Natur und auch das formvollendete Ensemble der sich harmonisch ergänzenden Räume des geschmackvollen Hauses beeindruckte mich zutiefst.

Besonders das großzügige, ganz in gelb gehaltene Speisezimmer, das auf ein reges Familienleben mit vielen Gästen schließen lässt, hatte es mir angetan. Als Küchenchef interessiere ich mich nicht nur für die Kochkunst selbst, sondern auch für die Gerätschaften, mit denen diese Kunst ausgeübt wird. Die geräumige, einfach ausgestattete Küche im Hause Monet mit ihren schlichten blauen Kacheln ließ mich an all die schmackhaften Gerichte denken, die hier liebevoll zubereitet worden waren. Vielleicht waren all diese Eindrücke bereits wertvolle Fingerzeige für das »perfekte Restaurant«, das mir damals im Kopf herumspukte.

An jenem Tag überkam mich plötzlich der Wunsch, die geheimen Rezepte aus dem Hause Monet nachzukochen. Mit der Entdeckung von Claude Monets Rezeptheften und deren Veröffentlichung durch Claire Joyes und Jean-Marie Toulgouat ging dieser Wunsch in Erfüllung.

Die Rezepte zu bearbeiten und den heutigen Verhältnissen anzupassen, bereitete mir große Freude. Dabei war mir besonders wichtig, dass sie für den interessierten Leser leicht nachzuvollziehen sind.

Um den Maler und – über den Umweg durch seine beeindruckende Küche – den Menschen Claude Monet besser kennenzulernen, habe ich viel über ihn gelesen. Dabei habe ich eine großartige Persönlichkeit entdeckt, die alle Wechselfälle des Lebens durchschritten und bestanden hat. Seine Freunde und Biographen erwähnen übereinstimmend, dass er nicht nur einen gesunden Appetit hatte, sondern auch ein richtiger Feinschmecker war. Dazu kam ein Hang zur

Exzentrik. Für seine Familie und die zahlreichen Gäste – wie Clemenceau, Renoir, Pissarro, Durand-Ruel – ließ er es sich beispielsweise nicht nehmen, Wild, Braten und Geflügel höchstpersönlich zu tranchieren.

Gänseleberpastete aus dem Elsass, Trüffel aus dem Périgord: etwas anderes kam für ihn nicht in Frage. Ganz besonders gern aß er Fisch, vor allem die Hechte aus seinem eigenen Bassin. In seinem liebevoll gepflegten Gemüsegarten pflanzte er Gemüse aus Südfrankreich an, Pilze und eine breite Palette an Kräutern, wobei er Wert darauf legte, dass jeden Morgen bei Tagesanbruch frisch geerntet wurde.

Was mich bei seinen Rezepten besonders überrascht hat, war ihre Vielfalt, ihre »Vernunft«, ihre Einfachheit und ihre Gutbürgerlichkeit. Manche Gerichte sind sehr schlicht, andere wiederum von äußerster Raffinesse: für die damaligen Zeiten eine beeindruckende Leistung. Man darf nicht vergessen, dass es damals viele Küchengeräte, die aus der modernen Küche nicht mehr wegzudenken sind, noch gar nicht gegeben hat.

Vielen Dank, Claude Monet. Vielen Dank für die Genialität – auch in der Küche – und für die der Nachwelt erhalten gebliebenen Rezepte: Zeugen einer Vergangenheit, in der die Kunst zu leben »alltäglich« war.

JOËL ROBUCHON

»Mein Garten

in Giverny ist ein Werk, das langsam und mit nie nachlassender Liebe geschaffen wurde, und ich leugne nicht, dass ich stolz darauf bin. Vor 30 Jahren, als ich hierherkam, war hier nur ein Bauernhaus und ein kümmerlicher Obstgarten. Ich kaufte das Haus, vergrößerte es nach und nach, gestaltete es nach meinen Bedürfnissen. Ich grub die Erde um, pflanzte, jätete das Unkraut und am Abend versorgten die Kinder den Garten mit Wasser.«

Claude Monet

»Jetzt fühle ich

die Landschaft gut und wage es, die erdfarbenen, die Rosa- und Blautöne zu verwenden. Es ist zauberhaft, es ist entzückend, und ich hoffe, dass es Ihnen gefallen wird (...). Ein für allemal sage ich Ihnen, dass Sie mein ganzes Leben darstellen, Sie und meine Kinder, und dass ich bei der Arbeit nur an euch denke. Das ist so wahr, dass ich bei jedem, das ich wiedergebe, das ich auswähle, mir sage, dass es nötig ist, es wirklich gut wiederzugeben, damit ihr seht, wo ich war und wie die Dinge sind.«

Bordighera 1884, aus einem Brief von Claude Monet
an seine zweite Frau Alice Hoschedé

Der Geschmack einer Epoche

Herbst 1900. Bei der Hochzeit von Marthe und Théodore Butler treffen sich Familie und Freunde.

Tafelfreuden des Fin de Siècle

4. Februar 1884. Zum ersten Mal in meinem Leben eine Banane gegessen. Werde das nie wieder tun, bis zum Fegefeuer.

JULES RENARD, TAGEBUCH

Man spürt auf Anhieb, ob ein Haus Esprit hat. Das Monet'sche Haus strahlt schon auf den ersten Blick Geist, Lebensfreude und Sinnlichkeit aus. Der Maler war ein Mensch, der in seiner Zeit lebte und arbeitete. Sein Blick war auf das Hier und Heute und die Zukunft gerichtet, nicht auf die Vergangenheit. Monet machte selbst Geschichte, auch wenn ihm das nicht bewusst war.

Die Rezepthefte aus dem Hause Monet beschränken sich auf die damalige Gegenwart, sie enthalten kaum Anleihen aus früheren Zeiten, von einigen nostalgischen Ausflügen in die Restauration und das Second Empire einmal abgesehen.

Die kulinarischen Errungenschaften der Dritten Republik waren im Hause Monet allgegenwärtig und verbanden sich mit den unverzichtbaren Küchenklassikern zu neuen Kreationen. Vor allem raffinierte exotische Gewürze waren beliebt, die dank moderner Verkehrsmittel (Dampfschiffe statt Ochsenkarren auf den Gewürzstraßen) schneller und frischer zur Verfügung standen.

< Vorbereitungen in der Küche.
> Claude Monet, »Das Frühstück im Freien« (linker Teil), 1865–1866, Musée d'Orsay, Paris.

Monet liebte gutes Essen über alles. Doch im Gegensatz zu seinem Freund Whistler oder zu Alexandre Dumas junior, den er in Le Havre zusammen mit Courbet besucht und natürlich vor den Kochtöpfen angetroffen hatte, erfand Monet selbst keine Rezepte. Soweit wir wissen, betrat er normalerweise nicht einmal die Küche. (Courbet und Dumas sollen übrigens danach häufig zusammen gekocht und gesungen haben!)

Was dachte Monet über die Küche? Er hasste Phrasen und hätte es sicher abgelehnt, über so etwas Elementares zu philosophieren: Gut zu essen gehörte für ihn zum Leben, es war für ihn das Natürlichste auf der Welt. So wie Ärzte halb im Ernst und halb im Scherz erklären, das Herz könne keine seelischen Schmerzen empfinden, denn es sei nichts weiter als ein lebenswichtiges Organ für den Blutkreislauf, so behauptete Monet immer wieder, er male nur, was er sehe, und die Malerei könne man nicht erlernen, diese Gabe müsse einem in die Wiege gelegt worden sein. Auf dem schmalen Grat zwischen Aphorismus und Binsenweisheit hätte er vermutlich gesagt, es gebe nur eine Küche, nämlich eine gute. Sie diene einzig und allein dazu, sich anständig zu ernähren.

Gut gegessen hat Monet schon immer, auch wenn man über seine Jugend in Le Havre wenig weiß. Es heißt, seine Mutter sei eine gute Gastgeberin gewesen und habe die Anwesenden nach dem Essen mit ihrer schönen Stimme unterhalten. Monet war jedoch noch nicht einmal zwanzig, als sie und mit ihr der Geist des Hauses in Le Havre starb. Erinnerungen an diese Zeit hat er uns nicht überliefert. Als er etwas später bei der französischen Kavallerie in Algerien diente, war er vor allem von der nordafrikanischen Landschaft und ihrem Licht tief beeindruckt. Noch Jahre später sprach er immer wieder gerne über diese Zeit. Über seine gastronomischen Erlebnisse in Algerien jedoch erzählte er nichts. Dabei muss ihn die nordafrikanische Küche fasziniert haben: die lange Zeit in Tongefäßen geschmorten, aromatischen Gerichte oder die über Holzkohle gegrillten, kräftigwürzigen Spieße. War er damals für diese Gaumenfreuden noch zu jung? Oder grundsätzlich gefragt: Gibt es im Leben eines Menschen einen bestimmten Augenblick, in dem er zum Gourmet wird?

Das gleiche kulinarische Dunkel wie über Le Havre und Nordafrika liegt auch über Argenteuil, wo Monet vier Jahre lang mit seiner ersten Frau Camille in einem reizenden Haus gewohnt hat. Dort legte er auch seinen ersten Garten an, der für Familie, Gäste und Freunde schnell zum beliebten Erholungsort wurde.

Über Monets Küche in Argenteuil wissen wir nichts, wobei wir es gleichwohl nicht für vermessen halten, von seiner »ersten« Küche zu sprechen. Es liegt in der Natur der Sache, dass sich mit dem Alter, den gesammelten Erfahrungen und den veränderten Lebensverhältnissen selbstverständlich auch die Einstellung zum Essen wandelt. Dies natürlich auch im Wissen, dass im späteren Leben Monets das Essen nicht nur als leiblicher Genuss, sondern ebenso als sinnliches Erlebnis empfunden wurde.

Monet hat, wie bereits erwähnt, nie selbst zum Kochlöffel gegriffen, deshalb trägt auch kein Gericht seinen Namen. Er gab sich damit zufrieden, die Rezepte anderer in seiner Küche meisterhaft nachkochen zu lassen.

Eigentlich schade, wenn man bedenkt, dass der Name heute im kollektiven Unterbewusstsein, um ein modisches Wort zu gebrauchen, eine elementare Rolle spielt. Bei Colbert, Soubise, Richelieu, Talleyrand, Demidow oder Brillat-Savarin zum Beispiel bringt man den Namen dieser herausragenden Persönlichkeiten auch mit Gerichten in Verbindung, die nach ihnen benannt sind.

Der Sieg Napoleons bei Marengo hat sich nicht zuletzt durch das gleichnamige Schmorgericht ins Gedächtnis der Menschen eingegraben. Und wer denkt bei Erdbeeren nicht an Chardin oder bei Äpfeln an Cézanne?

Aus heutiger Sicht könnten die im Hause Monet zubereiteten Gerichte banal erscheinen – zu Unrecht. Genauso absurd wäre es zu behaupten, die Autos der damaligen Zeit seien primitiv gewesen. Eine solche Bewertung lässt sich nur vor dem Hintergrund der historischen Gegebenheiten abgeben.

Der permanente Existenzkampf, ständige Geldsorgen, die auch mit zunehmender Bekanntheit des Malers nicht abnehmen wollten, und die beengten Raumverhältnisse hat-

Jedes Jahr versammelt sich die automobilbegeisterte Familie beim Rennen an der Côte de Gaillon.

In Giverny ein häufiger Begleiter zum Essen: Champagner Veuve Cliquot.
> Das Haus am Ende der Allee. Ein Blickfang: die verschwenderische Farbenpracht der Blumen.

ten Monet lange daran gehindert, seine Vorstellungen von Lebensart und -stil zu verwirklichen. Erst nach dem Umzug nach Giverny im Jahr 1883 nahm die Küche der Monets Gestalt an. In erster Linie ein Verdienst von Alice Hoschedé, seiner zweiten Frau. Mit ihr zusammen kreierte er die Idee vom einfachen, natürlichen Lebensstil.

Die Küche im Hause Monet beschränkte sich nicht darauf, die Produkte aus dem eigenen Gemüsegarten und dem Geflügelhof bestmöglich zu verwerten, vielmehr wurden auch viele Rezepte nachgekocht, die das Ehepaar von Restaurantbesuchen mitbrachte oder die von Freunden, meist Schriftsteller, Sammler, Maler und Schauspieler, empfohlen wurden. Rezepte, die auch in einschlägigen modernen Kochbüchern Eingang gefunden haben.

Die Monets wollten zwar auf dem Lande wohnen, aber nicht in der »Provinz«. Giverny war keineswegs nur ein Zufluchtsort für Großstadtgeschädigte. Ihr Leben dort war eine gelungene Mischung aus bewusst einfach gestaltetem Landleben mit all seinen Begleiterscheinungen und der Unabhängigkeit und Leichtlebigkeit der pulsierenden Metropolen. Während des Fin de Siècle herrschte in der französischen Küche noch eine gewisse Orientierungslosigkeit, die sich zum Beispiel

in der Menüzusammenstellung und der Art des Servierens zeigte.

In dieser Zeit war es leichter, die Verfassung eines Staates zu ändern als die Essgewohnheiten seiner Bürger. Es kam vor allem darauf an, dass man viel auf dem Teller hatte. Nur einige wenige Schöngeister mahnten vergebens Zurückhaltung und Esskultur an.

Es ist kaum zu glauben, welch gewaltige Veränderungen seit damals eingetreten sind. So war zum Beispiel die Schokolade, die anlässlich der Hochzeitsfeierlichkeiten von Maria-Theresia und Ludwig XIV. gereicht wurde, ein absoluter Luxus, der nur wenigen vergönnt war. Ein Voltaire war außer sich, als ihm ein Kalbsbries gesalzen (und nicht gezuckert) serviert wurde. Und es liegt noch gar nicht so lange zurück, da waren Süßspeisen aus Rüben oder Endivien bei großen Diners an der Tagesordnung.

Während die Tomate, um ein weiteres Beispiel zu nennen, zur Zeit der Renaissance ihren Siegeszug durch Zentraleuropa antrat, eroberte diese Verkörperung südländischer Ernährung Frankreich nur sehr langsam. Erst zur Zeit der Revolution wurden in Paris Tomaten angeboten, und zwar von den »Frères Provençaux«, die sich im Palais Royal niedergelassen hatten. Dank dieser Mönche machten die Bewohner der französischen Hauptstadt auch zum ersten Mal Bekanntschaft mit »Brandade de morue«, einem »Stockfisch-Püree«. Und erst die Kartoffel, auf die heute niemand mehr verzichten kann und will! Seit langem als Zierpflanze bekannt, wurde sie unter Ludwig XVI. im Périgord zum ersten Mal als Nahrungsmittel angepflanzt. Auf den Tisch kam sie, oft begleitet von den abenteuerlichsten Saucen, nur bei den vornehmen Herrschaften. Der niedere Pöbel konnte sich erst während der Hungersnot 1811 überwinden, Kartoffeln zu essen.

Noch Mitte des Jahrhunderts war Käse bei einem eleganten Diner verpönt; zumindest tauchte er auf keiner Speisekarte auf. Auch die Weine, die man zum Essen reichte, suchte man dort vergebens. Wenn ein Gast großes Glück hatte, flüsterte ihm der Weinkellner bestenfalls den Namen der Gewächse ins Ohr. Man trank eben, was ausgeschenkt wurde. Eine Ausnahme von dieser Regel soll hier jedoch nicht unerwähnt bleiben: Talleyrand, dieser große, unermüdliche Diplomat Frankreichs, verhalf dem Brie während des Wiener Kongresses zu einem glanzvollen Entrée.

Über Geschmack lässt sich bekanntlich streiten. Trotzdem schaudert es uns heute, wenn wir lesen, dass zu den Nachspeisen, die dem französischen Präsidenten Carnot 1888 bei einer Zugfahrt in die Dauphiné serviert wurden, auch so etwas Schreckliches wie eine Mehlpastete gehörte. Dieses Dessert mundete nicht nur dem Staatsoberhaupt, sondern auch Monet und anderen Zeitgenossen. Das war damals eben so, zudem ging alles viel langsamer und gemütlicher zu. Es dauerte nun mal seine Zeit, bis die aufregend leichten kulinarischen Kreationen aus dem Maison Dorée, dem Café Anglais oder dem Chez Hardy ihren Weg in die bürgerlichen Küchen fanden. Und wenn überhaupt, dann tauchte sofort ein elementares Problem auf: Woher bekam man die frischen Produkte, die man brauchte? Vor allem die Versorgung mit fangfrischen Seefischen und Krustentieren war nicht immer gewährleistet.

Damals musste eine Hausfrau schon außerordentlich viel Organisationstalent entwickeln. Wenn es ihr jedoch gelang, tatsächlich Speisen aus frischen Zutaten auf den Tisch zu bringen, war ihr allerhöchstes Lob sicher.

Beim Gedanken an die Gäste aus aller Welt, die sich damals in Monets Haus versammelten, an die »Provinzler«, die erst hier am Tisch saßen und schließlich Paris zu einer Metropole machten, kann man schon etwas nostalgisch werden. Damals wagte man beispielsweise nicht, Erbsen zu transportieren, aus Furcht, sie würden dabei ihren zuckrigen Geschmack verlieren. Heute werden Erbsen selbstverständlich von weit her bezogen und trotzdem als frisch deklariert. Und wirklich »hausgemacht« ist wohl das Wenigste von dem, was als »hausgemacht« verkauft wird.

Monet in seinem Garten. Auch er unterliegt dem gärtnerischen Zeitgeist: Es überwiegen gerade Linien.

Der runde Salon

Und dies verblich'ne Pergament, von Clovis Eve vergoldet,
beschwört vergangne Anmut, die Seele ihres Odems,
den Schatten ihres Traums.

JOSÉ MARIA DE HEREDIA

Die folgenschwere Begegnung zwischen Monet und seiner späteren Frau Alice fand im runden Salon des Schlosses Rottenbourg statt. Eine schicksalshafte Fügung, die nur in einer Umgebung möglich ist, die mehr Macht über uns hat als wir über sie.

Zur Vorgeschichte: Der Kunstkritiker Albert Wolf hatte in »Le Figaro« behauptet, dass fünf oder sechs verrückte Maler, darunter mit Berthe Morisot sogar eine Frau, an einer von Paul Durand-Ruel organisierten Kunstausstellung teilnähmen. Einen dieser Irren habe man sogar verhaften müssen, da er am Ausgang des Gebäudes Passanten gebissen habe und dergleichen mehr. Während sich Gastgeberinnen der besseren Gesellschaft um diese »Verrückten« rissen, schenkte der leidenschaftliche Kunstsammler und Mäzen Ernest Hoschedé dem dummen Gerede keine Beachtung. Er war davon überzeugt, dass impressionistische Malerei keinesfalls etwas mit Irrsinn zu tun haben musste. Er wusste damals allerdings noch nicht, dass grenzenlose Sammelleidenschaft – gleichgültig in welcher Stilrichtung! – zum Ruin führen kann.

< Die berühmten Seerosen im hochsommerlichen Garten von Giverny.
> > Blick auf den Garten im Sommer: »Nicht weit von Paris entfernt, befindet man sich am Ende der Welt.«

Alice Raingo, seine junge Frau, stammte aus einer außerordentlich wohlhabenden Familie. Die in der »belgischen Kolonie« der französischen Hauptstadt hoch angesehenen Raingos besaßen eine bedeutende Bronzegießerei, fertigten aber auch luxuriöse Uhren aller Art, mit denen sie die europäischen Höfe und natürlich auch die Tuilerien belieferten. Auch die Werkstätten von Jacob Petit gehörten zu ihrem Imperium. Ernest verbrachte viel Zeit damit, das Schloss Rottenbourg südlich von Paris, das Alice nach dem Tod ihres Vaters geerbt hatte, prunkvoll auszustatten. Er beauftragte Monet mit der Dekoration des großen Salons. Als der Maler im September 1876 auf Schloss Rottenbourg eintraf, erregte er großes Aufsehen. Blanche (eine Tochter von Alice Hoschedé) beschrieb diesen Tag in ihren leider viel zu kurzen Memoiren wie folgt:

»Niemand bemerkte damals die ersten Risse, die die Idylle bedrohten ... Monet, der sich auf dem Land immer wohlfühlt, hatte wieder einmal keinen Sou in der Tasche. Er war glücklich, seine finanziellen Sorgen für eine Zeit vergessen und gegen das angenehme Leben auf dem Schloss eintauschen zu

können. Auch die Aussicht, im Schlossgarten zu malen, war verlockend.«

Der Schlossgarten strahlte mit seinen akkurat angelegten Blumenrabatten, den der Villa Medici in Rom nachempfundenen Vasen und den Gebäuden im Stil Hubert Roberts einen seltsamen, etwas steifen Charme aus.

Das Ehepaar Hoschedé war sehr gastfreundlich, lebte auf großem Fuß und gab das Geld mit vollen Händen aus.

Ernest hielt sich viel in Paris auf und kümmerte sich weit entschiedener um den Erwerb seltener Kunstwerke als um seine Geschäfte. Alice und die Kinder lebten hauptsächlich in dem kleinen Städtchen Montgeron, in dem das von Alice so geliebte Schloss Rottenbourg liegt. Die exaltierte und mondäne, gleichwohl sehr fromme, ja fast mystische Alice war trotz ihrer übersteigerten Sensibilität und Melancholie eine aufmerksame und fröhliche Gastgeberin. Heute würde man sie als innerlich zerrissen und depressiv bezeichnen. Sie liebte das Leben auf dem Lande, brauchte aber dauernd Menschen um sich. Aus diesem Grund lud sie ständig Gäste aus dem nahe gelegenen Paris auf das Schloss ein.

Ihr Mann Ernest gehörte zu den ersten Sammlern der neuen Stilrichtung und bezahlte, großzügig wie er war, gute Preise für die Bilder, was Monet sehr zustatten kam. Doch wenn die finanziellen Sorgen zu groß wurden, musste sich Hoschedé von manchen seiner Schätze wieder trennen.

Alice und Ernest hielten ihre Träume oft für Wirklichkeit und ließen sich als großzügige Gastgeber bisweilen zu Ausgaben hinreißen, die in keinem Verhältnis zu ihrem Einkommen standen. So mietete Ernest für seine Gäste Sonderzüge vom Pariser Bahnhof Gare de Lyon bis nach Montgeron ...

In Rottenbourg war alles ein wenig übertrieben, bisweilen auch ein wenig verrückt. Alice kleidete sich bei Worth ein und kaufte ihren Schmuck bei Froment-Meurice; ja selbst unbedeutende Details mussten aus Luxusgeschäften stammen.

In Rottenbourg herrschte Harmonie, die Gäste verstanden sich, egal ob sie zum Bürgertum oder zur Avantgarde gehörten. Dieser Gleichklang galt auch für die Bilder im Schloss. Gemälde impressionistischer Maler wie Sisley, Manet und Monet hingen gar einträchtig neben Familienporträts von J. J. Henner, Carolus Duran, Benjamin Constant und Baudry.

Ein typischer Vertreter des Pariser Großbürgertums war Carolus Duran, ein unterhaltsamer Mann, der an nichts zweifelte, vor allem nicht an sich selbst. Vielleicht hatte er sogar Recht, denn er konnte einfach alles. Er verkehrte in vielen Salons und gehörte zu den favorisierten Porträtisten der Pariser Gesellschaft. Duran verdanken wir übrigens eines der wenigen überlieferten Porträts von Monet. Er war sehr charmant und redegewandt, mit dem Nachteil vielleicht, dass er andere kaum zu Wort kommen ließ. Er konnte tanzen, reiten, mit Pistolen umgehen, singen und Klavier und Orgel spielen, kurzum, er erfüllte alle gesellschaftlichen Ansprüche des Fin de Siècle auf das Vortrefflichste. Da er ganz in der Nähe wohnte, verbrachte er viele Abende im Schloss. Zeit seines Lebens war er Monet sehr verbunden.

Der Verleger Charpentier, der »La Vie Moderne« gegründet hatte, eine anspruchsvolle Zeitschrift, die gerade aufgrund ihres intellektuellen Anspruchs zu einem Schattendasein verurteilt war, gehörte dagegen zu den Vertretern der Avantgarde. Charpentier hatte eine geniale Idee: Er forderte die Maler auf, in den Redaktionsräumen seiner Zeitschrift ihre Bilder auszustellen, in der damaligen Zeit ein wagemutiges Unterfangen. Renoir und Monet nahmen sein Angebot an.

Es war nicht einfach, in der quirligen Atmosphäre des Schlosses Rottenbourg zu arbeiten. Doch als der Kunst zugeneigter Gastgeber dachte Ernest an alles und wies Monet ein Orangeriegebäude im Park als Atelier zu. Er überließ Monet die Auswahl der Motive und bat ihn nur, in seinen Bildern den Geist des Schlosses für die Nachwelt zu verewigen – als hätte er die kommenden Katastrophen geahnt.

Monet malte die weißen Truthähne im Park, die Dahlienrabatten in der Nähe des Weihers, den Weiher selbst und später dann eine Jagdszene in einem Gehölz mit Ernest Hoschedé im Vordergrund, die Personen allerdings sind nur Staffage. Während seines ausgedehnten Aufenthalts auf Schloss Rottenbourg malte Monet viel, ob seine Frau Camille ihn dort je besucht hat, ist nicht überliefert. Erst nach seiner Rückkehr nach Paris freundeten sich die Familien Hoschedé und Monet wirklich an. Die Kinder beider Familien besuchten zusammen regelmäßig den Parc Monceau, in dem sich einige Jahre später Marcel Proust und die reizenden Schwestern Benardaky vergnügen sollten.

Während Monets Aufenthalt in Montgeron geriet Alice zum ersten Mal in finanzielle Schwierigkeiten. Ernest kam nur noch selten nach Rottenbourg, und wenn er da war, machte er einen immer abwesenderen Eindruck. Monet war der einzige, der die Monotonie von Alices Leben unterbrach. Ansonsten war sie mit den Kindern und den Angestellten allein. Sie kam nicht umhin, ihren Gatten, der im Grunde ein großes Kind geblieben war, mit dem lebensfrohen Maler zu vergleichen.

Die finanzielle Situation der Hoschedés wurde immer prekärer. Trotz allem kaufte Ernest auch im darauffolgenden Jahr drei weitere Bilder von Monet.

Am 18. August 1877 war er gezwungen, Konkurs anzumelden. Bis in den September hinein musste sich die Familie mit so lästigen Dingen wie Inventuren und Zwangsvollstreckungen beschäftigen.

Nach dieser schweren, kaum zu ertragenden Zeit quartierten sich im Frühjahr 1879 die ruinierten Hoschedés mit ihren sechs Kindern Marthe, Blanche, Suzanne, Jacques, Germaine und Jean-Pierre sowie einem Zimmermädchen, einer Lehrerin und einer Köchin in Vétheuil bei Camille und Claude Monet ein, die ihrerseits finanziell in großen Schwierigkeiten steckten.

Leben in Giverny

*Monet und Butler brechen zum Einkaufen auf,
ein wichtiges, wöchentlich stattfindendes Ritual.*

Die Atmosphäre im Haus

Aus den Trümmern des Palastes baute ich meine Hütte.
SULLY PRUDHOMME

Der mit Pflanzen überwucherte Balkon des Hauses.
< Der Eingang zum Haus.

Camille Monet starb in Vétheuil. Ernest und Alice Hoschedé trennten sich, wie nicht anders zu erwarten. Die stets um ihren Ruf bemühte Madame Hoschedé nahm eines Tages allen Mut zusammen und zog bei Claude Monet und dessen Söhnen Jean und Michel ein. Ihre Liebe zu Monet war ohnehin kein Geheimnis mehr.

Mit ihren acht Kindern – das jüngste war noch nicht einmal fünf Jahre alt – zogen Claude und Alice Ende April/Anfang Mai 1883 nach Giverny. Der Umzug zog sich über eine Woche hin und fiel in eine Zeit, in der Monet wieder einmal in finanziellen Schwierigkeiten steckte.

Mit Sack und Pack, verstaut auf vier Booten, kamen sie über die Seine in Giverny an. Neben allem, was ein Haushalt braucht, hatten sie ihren ungezügelten Lebenshunger und ihre schon an Leichtsinn grenzende Fähigkeit, Unangenehmes verdrängen zu können, im Gepäck. Damit würden sie gegen alle Widrigkeiten gewappnet sein. Nicht mehr dabei waren die Köchin und die Lehrerin; nur Alices Zofe bestand auch nach dem Verkauf von Rottenbourg darauf, bei ihrer Herrin zu bleiben. Sie verzichtete dafür sogar auf ihren Lohn.

Sich zwischen einem ruinierten Mäzen und einem mittellosen Künstler entscheiden zu müssen, war für Alice sicher nicht einfach. Sie gab das Luxusleben auf dem Schloss auf und wagte auf dem bescheidenen, umgebauten Bauernhof einen Neuanfang.

Zu Beginn ahnten Monet und Alice noch gar nicht, welch ein Glücksfall Giverny für sie war. Ohne direkte Nachbarn, der Garten umgeben von einer hohen Mauer: ideale Voraussetzungen für ein optimales Mikroklima, botanisch und atmosphärisch.

Monet hätte es gar nicht besser treffen können, wenngleich das langgestreckte Haus anfangs einen leicht spießigen Eindruck machte. Aber die nach Norden gerichtete Front gewährleistete ideale Lichtverhältnisse zum Malen, während der Wohnbereich nach Süden ausgerichtet war. Hinter dem Haus erhob sich ein Hügel mit Obstbäumen, der bei ihrem Einzug einem Blütenmeer glich. Der von uralten Weiden begrenzte Vorgarten war mit wilden Blumen und Gräsern überwuchert. Zwischen dem Chemin du Roy und dem Fluss verlief eine kleine Eisenbahnstrecke und in den nahe gelegenen Waschhäusern tauschten die Frauen den neuesten Dorfklatsch aus. Eine Idylle, nur einen Steinwurf von Paris entfernt, und trotzdem fernab vom Trubel der Welt.

Das Haus wurde von den Vorgängern so übernommen, wie es war, und lange auch nicht umgebaut. Monet und Alice beschränkten sich auf einige wenige praktische Veränderungen, wussten sie doch um die Tugenden von wildem Wein und Kletterrosen, die selbst baufälligsten Mauern ein romantisches Aussehen verliehen. Außerdem erleichterten die vielen Nebengebäude mit zahlreichen Zimmern das Zusammenleben der Großfamilie.

Die Umgebung war herrlich, doch was sollte man mit diesem geometrisch streng strukturierten riesigen Garten voller Koniferen anfangen? Da machte der Gemüsegarten mit seinen blühenden Pflaumenbäumen weniger Probleme.

Gleich nach dem Einzug machten sich Monet und die Kinder ans Werk und säten Blumen- und Gemüsesamen. Damit war zum einen für den Blumenschmuck im Haus und für wetterunabhängige Motive gesorgt. Selbst wenn es regnete, konnte sich Monet Stillleben mit Chrysanthemen, Klatschmohn und Sonnenblumen widmen. Zum anderen konnten sie noch im Sommer des gleichen Jahres Salat, Spinat, Erbsen und Radieschen ernten. Ein wahres Wunder, da der Umzug und die Neueinrichtung viel Zeit verschlungen hatten und Monet sich in erster Linie um sein neues Atelier kümmerte.

Ihre vier Boote hüteten sie wie einen Augapfel und verankerten sie gegenüber der »Brennnessel-Insel« in der Seine: das gemächliche Ruderboot mit rundem Bug, die beiden Sportboote und das Atelierboot. Noch dachte niemand daran, dass die Insel eines Tages ihnen gehören würde. Lange Zeit später bat Monet Alices Tochter Suzanne, auf der Insel für sein berühmtes Bild *Frau mit Sonnenschirm* Modell zu stehen.

Eines Tages war es soweit: Das biedere Bauernhaus in Giverny wurde grundlegend umgestaltet, was natürlich sehr kostspielig war. Monet und Alice mangelte es an nichts, nur das Geld war immer knapp. Die Lösung des Problems war einfacher als gedacht: Zum einen hatte sich Monet mittlerweile einen Namen gemacht und verkaufte zu dieser Zeit bereits mehr Bilder als gern behauptet wird, zum anderen wurden sie von Paul Durand-Ruel unterstützt, einem in Paris lebenden Kunsthändler. Durand-Ruel war damals der wichtigste Förderer der Künstler des Impressionismus.

Durand-Ruel war Kunsthändler und Galerist, aber auch Mäzen, Bankier und Schatzmeister seiner Künstler, sehr zum Unbill seiner Familie. »Monsieur Durand« kaufte Hunderte – zum Teil noch unvollendete – Kunstwerke von Renoir, Sisley, Pissaro, Monet und vielen anderen Impressionisten und sicherte so deren Existenz. Dabei war es ausgesprochen schwierig, ihre Bilder zu verkaufen, denn diese Maler waren ihrer Zeit weit, viel zu weit voraus. Monets Lieferanten sprachen in der Galerie vor, um zu ihrem Geld zu kommen. Der großzügige Gönner bezahlte nicht nur die Farben, Leinwände und Rahmen, sondern auch das Schulgeld für die Kinder und die Kosten für Monets Schneider. Der Maler legte nämlich großen Wert darauf, unter allen Umständen korrekt gekleidet zu sein.

Im Rahmen der Renovierung verwandelte sich das Ocker der Außenmauern in dunkles Rosa, die Fensterläden erhielten einen neuen Anstrich in Veronesegrün und um das ganze Haus wurde ein Holzbalkon gezogen. Über dem Vorratskeller wurde eine neue Küche eingerichtet, die Scheune verwandelte sich in ein Atelier, darüber wurden zwei Zimmer ausgebaut. Küche und Atelier, die beiden »heiligen« Orte in Giverny, wurden als Erstes in Angriff genommen und besonders liebevoll ausgestattet.

Für die Innenwände wählten sie helle Pastelltöne, nur das Speisezimmer erhielt einen kräftigen gelben Anstrich. Von dort gelangte man in ein ganz in Blau gehaltenes Zimmer. Die Farben aller Räume, auch die der Küche und der Diele, wurden von Monet sorgfältig aufeinander abgestimmt, wobei die Nuancen auf Kobaltblau, Krapprot und Weiß basierten. Der Maler aus dem Dorf, der die Arbeiten ausführte, musste erst überzeugt werden, er brauchte einige Zeit, bis er sich von seiner Verblüffung wieder erholt hatte.

Für das Treppenhaus, die schmalen Gänge, die beiden Wasch-Kabinette und das Bad mit der beinahe rührend anmutenden überdimensionalen Heizschlange, in der das Heißwasser zubereitet wurde, wählte Monet »englischere« Farben. Blau und Rot wurden hier mit etwas Weiß gebrochen, während die Zimmer der Mädchen in kräftigen Farben gehalten waren. Die Wände der Privaträume von Claude und Alice waren dagegen mit zusammengenähten Damaststoffen bespannt.

Die Küche wurde ständig umgebaut und »modernisiert«, bis sie jenen Komfort aufwies, der an der Schwelle zum Ersten Weltkrieg in einem gut situierten, bürgerlichen Haushalt üblich war. Die hellblau lackierten Wände waren farblich genau auf die blauen

> > *Die Küche in strahlendem Blau. Neben dem Atelier eine der heiligen Stätten im Haus.*

Seerosen im Garten.
< Die Eismaschine, unverzichtbares Gerät zur Herstellung des Bananeneises, das zu Weihnachten gereicht wurde.

Kacheln aus Rouen abgestimmt, mit denen die Küchenwände und die Kamine in dieser Gegend traditionell gefliest waren. Ein harmonischer Kontrast zu den Kupferkesseln und -kasserollen, die für die vielköpfige Familie gebraucht wurden. Am Abend verbreitete eine Hängelampe aus weißem Porzellan ein weiches Licht, auf störende Vorhänge wurde ganz verzichtet, so dass man ungehindert in den Garten blicken konnte.

Das beherrschende Element war natürlich der große Herd, bei dessen Anblick jeder Küchenliebhaber sentimental werden kann. Ehrfürchtig, ja beinahe andächtig, nähert man sich diesem Monument der Gastlichkeit und des Wohlbehagens. Bei einem solchen Herd die richtigen Temperaturen zu erreichen, war ausgesprochen kompliziert. Manche Gerichte mussten stundenlang bei niedrigen Temperaturen sanft köcheln, während zum Beispiel für das Braten von Fleisch ein starkes Feuer benötigt wurde. Besonders schwierig war es, die Temperaturen in dem mit feuerfesten, die Hitze abstrahlenden Kacheln ausgelegten Herd möglichst lange konstant zu halten.

Florimonds Gemüsegarten

Als wachsamer Hüter von Obst und Salat
verteidige ich diesen Ort gegen freche Diebe.
JOSÉ MARIA DE HEREDIA

Claude Monet, Stillleben mit Melone, 1876, Gulbenkian-Museum.
< Die Pfirsiche stammen aus Florimonds Obstgarten.

Rituale bestimmen das Familienleben. Rituale lassen Dynastien wachsen und wieder untergehen.

Monet zog sich keineswegs in seinen Elfenbeinturm zurück, sondern kümmerte sich um alles. Aber das Haus war das Reich von Alice, später abgelöst von ihren Töchtern Marthe und Blanche. Der ritualisierte Tagesablauf in Giverny wurde mit beinahe benediktinerhafter Strenge eingehalten (wobei der eigentliche »Benediktiner« Monet selbst war). Diese straffe Ritualisierung mag auf den Außenstehenden etwas verwirrend wirken, da der Alltag in Giverny zwanglos und spontan abzulaufen schien. Die Beobachtung von Rosenkäfern hatte darin ebenso Platz wie Fahrradausflüge, Fotografieren, Rudern, Picknicks und die Latein- und Botanikstunden bei Abbé Toussaint.

Niemand hat eine genaue Vorstellung davon, wie lang ein halbes Jahrhundert wirklich ist. Man weiß nur, dass es sich um eine ziemlich lange Zeitspanne handelt. In der Rückschau verklären sich die Erlebnisse und man fragt sich, wann und wie sich die Gewohnheiten des Tagesablaufs herausgebildet haben, die den Stil und den Geist eines Hauses prägen.

Alice, Claude und die Kinder lebten in großer Harmonie und Zuneigung miteinander, sogar die Dienstboten gehörten zur Familie. Wenngleich die »Herrschaften« es durchaus verstanden, eine gewisse Distanz zu wahren. Gärtner und Köchinnen wechselten so lange, bis endlich die Richtigen gefunden waren. Die Richtigen in Haus und Garten, ganz nach Monets Vorstellungen: Marguerite werkelte in der Küche, Felix im Garten, Sylvain war zuständig für den Keller, das Atelier, die Kutschen und später für die Garage. Florimonds Reich war der Gemüsegarten und Paul kümmerte sich um besondere Aufgaben, die Monet ihm persönlich zuwies.

Nahe der Küche befand sich der Geflügelhof, wo zu Anfang auch einige Truthähne großgezogen wurden. Allerdings keine weißen wie in Rottenbourg, sondern schwarze. Die Zucht wurde jedoch schon bald wieder aufgegeben, denn im Grunde gab es niemand in der Familie, der Truthähne mochte.

Dafür gab es viele Enten und natürlich das dazu passende Entenbecken. Ganz in der Nähe befand sich ein zweites Becken, in dem Wasser zum Bewässern des Gartens aufgefangen wurde. In der Umgebung wuchs dichtes Gebüsch und sogar eine Trauerweide, so dass die Enten-

Claude Monet, Korb mit Weintrauben, Paris, Privatsammlung.

Germaine und Sisi brechen zu einem Picknick auf die »Brennnessel-Insel« auf.

damen ungestört Nester bauen und Eier ausbrüten konnten. Merkwürdigerweise sind diese sonst so zutraulichen Tiere während der Brütezeit sehr scheu. Nanteser Enten leisteten indischen Laufenten Gesellschaft, deren Weibchen fleißige Eierlegerinnen sind. Beide Rassen mussten sich ständig gegen die Übermacht der Khaki-Campbell-Enten wehren, die sich unaufhaltsam fortpflanzten. Die kleinen Mandarin-Enten dagegen waren nur zum Anschauen da. Barbarie- und Rouen-Enten gab es im monetschen Geflügelhof nicht; der Maler fand sie zu fett.

Im Frühjahr überwuchert die Kapuzinerkresse die Allee. Im Hintergrund erkennt man das Portal.

Monet kümmerte sich höchstpersönlich um den Geflügelhof und verbrachte viel Zeit mit dem Zukauf von Enten und Hühnern, die den Bestand auffrischen sollten. Dafür nahm er auch weite Wege in Kauf, da er die Bauern des Dorfes im Verdacht hatte, bei der Aufzucht ihres Geflügels nicht so sorgfältig zu sein, wie er es für notwendig hielt.

Bei Monet wurden vier verschiedene Hühnerrassen gezüchtet, darunter die Houdans wegen der Eier und die schwarzen Bresse-Hühner wegen ihres hochwertigen, saftigen Fleisches. Ab und zu wurden sogar Fasane gehalten.

Im Allgemeinen kümmerte sich einer der Gärtner um den Geflügelhof, doch wann immer sie es einrichten konnte, fütterte Blanche das Geflügel höchstpersönlich, bis zu ihrem Tod 1947. Die Köchin Marguerite war mit Paul verheiratet, einem Bauern, der wie sie aus dem Departement Berry stammte. Obwohl er inzwischen zum Kammerdiener und Maître d'hôtel aufgestiegen war, war Paul für das Einsammeln der Eier und für die Hühnerzucht verantwortlich. Eine nicht immer einfache Aufgabe, bei der ihm aber die in seiner Jugend auf dem Bauernhof erworbenen Kenntnisse sehr zustatten kamen. Er führte eine Art »Stammbuch«, denn damit die Zahl der gelegten Eier – die vor allem während des Winters in der Küche des Hauses Monet eine große Rolle spielten – nicht sank, war es wichtig, dem Geflügelhof von Zeit zu Zeit neue Hähne zuzuführen. Er wachte außerdem darüber, dass keine der einzelnen Hühner- oder Entenrassen die Oberhand bekam, sondern stets ein harmonisches Gleichgewicht gewahrt blieb.

Kaninchen waren Monet ein Gräuel, auch Tauben hielt er nicht. Die Tiere wurden entweder bei Duboc oder bei Ledanois gekauft, zwei Züchtern in der Nachbarschaft, die die strengen Ansprüche Monets erfüllten. Das Vogelhaus in der Nähe des zweiten Ateliers war im Grunde nur eine Art »Krankenstation«, in der verletzte Vögel gepflegt wurden. Dort fanden aber auch einige artfremde Vögel als »Pensionäre« Unterschlupf, zum Beispiel die Möwen, die Monet für die »Kleinen« von der Belle Île hatte kommen lassen. Michel und Jean-Pierre hatten damit eine wunderbare Ausrede, nicht für die Schule zu arbeiten, sondern fischen zu gehen, schließlich mussten die Möwen ja ernährt werden! Selbst als sie freigelassen wurden, blieben sie in Monets Garten. Die Möwen waren für Suzannes Sohn* Jim Butler eine der frühesten Kindheitserinnerungen.

Das Haus im Sommer mit dem blühenden Garten.
> Der Hecht in Buttersauce für das sonntägliche Mittagessen.

Im Hause Monet hatte alles seine Ordnung. Auch der von Florimond mit Hingabe gepflegte Gemüsegarten war ein Meisterwerk und Monet war zu Recht stolz darauf. Für den Gourmet war Gemüse ein wichtiger Bestandteil gesunder Ernährung. Der ein Hektar große Gemüsegarten war ebenso wichtig wie der Blumengarten und der Geflügelhof, wie die körperreichen, von Sylvain in Flaschen abgezogenen Weine, wie die im großen Becken blühenden Seerosen, wie ein gut geschnittener Anzug, wie Marguerites ausgezeichnete Küche und wie die guten Bücher im Atelier-Salon.

Der Gemüsegarten lag am anderen Ende des Dorfes, war auf allen Seiten von einer Mauer umgeben und ähnlich wie der Blumengarten gleichmäßig von der Sonne bestrahlt. Die Neigung des Geländes war allerdings etwas stärker, dafür war die Fläche fast quadratisch, was die Aufteilung in klar abgetrennte Beete erleichterte. Im Gemüsegarten war alles erlaubt, ja sogar erwünscht, was im Garten rund um das Haus herum strikt verboten war: ein streng geometrischer Grundriss, schnurgerade verlaufende Wege, die

* gleichzeitig der Onkel von Jean-Marie Toulgouat

schnelles und möglichst kräftesparendes Arbeiten ermöglichten.

Entlang der Mauer, welche die Sonnenwärme speicherte, wuchsen zwei Sorten Spalierbirnen: die Doyenné du Comice und die Beurre d'Hardempont. Durch eine kleine Allee von ihnen getrennt, reihten sich freistehende Apfelspalierbäume, insbesondere solche der für den gestürzten Apfelkuchen unentbehrlichen Sorte Reine des Reinettes. Außerdem gab es noch lang- und kurzstielige Montmorency-Kirschen, Reineclauden, Quitten und Mirabellen, die zu Kompott verarbeitet oder in Alkohol eingelegt wurden.

Florimond wohnte in der Rue du Chêne; oft halfen ihm Gärtner aus dem Haupthaus in der Rue du Pressoir, da er wegen der Vielfalt der Sorten die Arbeit im Gemüsegarten nicht alleine schaffen konnte. Vor allem das tägliche Gießen war zeitraubend, zumal die alte Pumpe mehr Lärm als Wasser produzierte.

Wie von Monet gewünscht, wurden nicht nur die in der Region heimischen Sorten angebaut, sondern auch Gemüse aus dem Mittelmeerraum. Und wer die Ansprüche und den gesunden Appetit der vielköpfigen Familie kannte, wusste, dass Florimond wahrlich nicht zu viel Platz zur Verfügung hatte.

Monet brachte von seinen Reisen Samen und Pflanzen mit, tauschte mit anderen Gärtnern und versuchte sich auch in der Zucht empfindlicher Pflanzen – als habe er das Klima in Giverny herausfordern wollen. Höchstpersönlich blätterte er die Gartenbaukataloge durch und gab die Bestellungen auf, egal, ob es sich um Samen, Pflanzen, Töpfe, Glashauben für empfindliche Sorten wie Melonen oder um Roggenstroh zum Schutz der Beete im Winter handelte.

Er bestand auf der jahrhundertealten Tradition, dass Wurzelgemüse, Blattgemüse usw. in Gruppen zusammenfasst wurde. In Florimonds Gemüsegarten herrschte tadellose Ordnung. Die Töpfe mit den Frühaussaaten und die Glashauben waren akkurat ausgerichtet, genauso die Furchen für die Topinamburknollen und die Gräben zur Aufbewahrung verschiedener Gemüsesorten wie des von Monet heißgeliebten Rotkohls. Alles war bis ins Kleinste reglementiert, an rechten Winkeln fehlte es wahrlich nicht. Die Stangenbohnen bildeten regelrechte Alleen, die verschiedenen Kohlsorten wurden in Parallelreihen angeordnet, genau wie die diversen Salat- und Spinatarten.

Zur Abgrenzung der Beete wurden Kräuter und Gewürze wie Rosmarin, Thymian, Schnittlauch, Bohnenkraut (unentbehrlich für die dicken weißen Bohnen), Sauerampfer und natürlich Petersilie angepflanzt. Salbei und Oregano setzten mit ihren blauen und rosavioletten Blüten harmonische Farbakzente, einzig der empfindliche Estragon entzog sich dem Diktat der Geometrie: Man musste ihn dort wachsen lassen, wo er sich wohlfühlte.

Der wind- und wettergeschützte Teil des Gemüsegartens war terrassenförmig angeordnet und den Pflanzen aus dem Süden vorbehalten, die in der Gegend normalerweise nicht angebaut wurden: rote und gelbe Tomaten, die kleinen aromatischen Kirschtomaten, Artischocken »Vert de Provence«, die jung und roh gegessen wurden, Auberginen, rote und grüne Paprika, Zucchini, Sau- und Puffbohnen, verschiedene Knoblauchsorten und die köstlichen weißen Zwiebelchen aus Ägypten, die man in Essig einlegte.

Florimond war Experte für den von Monet geschätzten Knollenziest, ein Wurzelgemüse, das heute fast in Vergessenheit geraten ist. Er war stolz, bereits ab Mitte Februar die ersten Radieschen, runden Karotten, Kopfsalat oder kleine Blumenkohlköpfe ernten zu können, die zumindest für eine Dubarry-Suppe taugten. Er hatte großen Respekt vor Monet, der sehr zornig werden konnte, wenn das Gemüse nicht rechtzeitig geerntet wurde – eine heikle Aufgabe. Jeden Morgen wählte er das am Vorabend von der Küche bestellte Gemüse aus, auch sonntags, wenn der Eintopf zubereitet wurde, die Basis für die während der Woche benötigten Bouillons und Consommés.

Marguerite nahm die Gemüse in Empfang, deren Namen die Landkarte Frankreichs nachzeichneten: Kartoffeln Quarantaine de la Halle oder Abondance de Montvilliers, Karotten aus Croissy, Bleichsellerie aus Chemin, Lauch Monstrueux de Carentan oder Gros de Gennevilliers, weiße Rüben aus Meaux. Durchschritt man Florimonds Gemüsealleen, passierte man zuerst die Erbsen aus Annonay, die der beliebten Sorte Prince Albert vorgezogen wurden.

Monets Samenkataloge erinnerten an geographische und historische Nachschlagewerke, in denen das Loire- und das Seinetal eine besondere Rolle spielten.

Monet und seine Schwiegertöchter mit den ersten in Giverny eingetroffenen amerikanischen Malern.
> > Im Garten wächst alles, was für Küche und Esszimmer gebraucht wird. Monet pflanzte nicht nur Blumen, sondern auch Gemüse und Kräuter.

Monet und Alice, ein Stil

Dejeuner du 12 novembre 190
Turbot sauce hollandaise - Creve
Cuissot Chevreuil chasseur
Dindes rôties
Pâté de foie gras
Salade Venetienne
Ecrevisses
Praliné
Glaces - Pistache - Alhambra

Die Speisekarte des Festessens anlässlich der Hochzeit von Germaine Hoschedé und Albert Salerou.

Der Familientisch

Ich habe mein Haus unter den Menschen gebaut;
der Lärm von Pferden oder Kutschen belästigt mich nicht.
Warum das so ist?
Ist das Herz reserviert, herrscht Abgeschiedenheit.

TAO YUANGMING

< > Das blaue Geschirr mit den japanischen Motiven aus der Manufaktur von Creil auf dem sonntäglich gedeckten Tisch.

Die Herrin im Haus war Alice. Was sie leistete, ist kaum zu ermessen. Sie ertrug die Launen Monets, zog acht durchschnittlich begabte Kinder groß, organisierte und überwachte die Arbeit der Dienstboten, empfing die zahlreichen Verwandten und Freunde sowie Monets Kunsthändler. Als Frau von Welt verstand sie es, zu jedem Anlass die richtigen Worte zu finden. Sie wusste, welches Essen für welchen Gast das richtige war, spürte instinktiv, wann sie beeindrucken und wann sie sich zurückhalten sollte. Aber sie war auch Expertin darin, sehr viel Geld für Dinge auszugeben, die gar nicht teuer aussahen, aber letztlich teuer waren.

Alice und Monet schotteten ihr Refugium ganz und gar gegen das Dorf ab. Auf der einen Seite das geschäftige Giverny, auf der anderen Seite eine ganz andere Welt: ein von Monet gestalteter Hort der Geborgenheit. Ein Ort, der im Rhythmus der Jahreszeiten mit seinen immer gleichen Ritualen lebte und atmete.

Ihre Rolle als Hausherrin nahm sie stark in Anspruch, wobei allein die Aufstellung des Speiseplans – jeweils eine Woche im Voraus – viel Zeit und Geschick erforderte. Sie musste mit Monet Rücksprache halten und an die individuellen Wünsche der avisierten Gäste denken, über deren Essgewohnheiten sie genau Buch führte. Wenn diese Planungen abgeschlossen waren, musste sie täglich bei Florimond das Gemüse bestellen, damit dieser es am nächsten Morgen frisch ernten konnte. Mit Delphine besprach sie alles, was mit der Wäsche zusammenhing. Welche Vorhänge mussten gewaschen und mit dem schweren eisernen Bügeleisen geglättet werden? Was musste zur Näherin im Dorf, der »Flickerin«, gebracht werden?

Alice achtete auch darauf, dass die Servietten aus Bienenwabengewebe und die aus Gerstenkorngewebe auseinandergehalten, die Handtücher mit dem Familienwappen richtig sortiert und die Geschirrtücher sorgfältig von den rot gekennzeichneten Gläsertüchern getrennt wurden. Besonderes Augenmerk legte sie auf die korrekte Aufbewahrung der Tischdecken, die in mit Rollen versehenen Spezialschränken gelagert wurden. Nur richtig aufgerollt, bekamen sie keine Falten.

Sie kümmerte sich auch um den Einkauf. Jeden Samstag spannte Sylvain an und fuhr sie mit dem Pferdefuhrwerk zum Markt nach Vernon. Kleinere Aufgaben, wie den täglichen Einkauf von frischem Brot und Zeitungen, erledigte Sylvain dagegen allein. Öfters wurde er auch zu einem Gemüsehändler nach Limetz geschickt, um den ersten Spargel oder die köstliche Brunnenkresse zu besorgen, die sogar das Stadtwappen von Vernon ziert.

Selbstverständlich überwachte Alice auch die Vorräte im Putzschrank, der von Sylvain regelmäßig aufgefüllt wurde. Dort wurden Schlämmkreide, Sommières-Erde und Kieselgur aufbewahrt, mit denen man die Kupferkessel auf Hochglanz polierte, ebenso Panamarinde für die feine dunkle Wäsche und Sumatrakampfer zum Mottenschutz.

Zu ihren Pflichten gehörte auch, rechtzeitig die Handwerker aus Vernon zu bestellen, die regelmäßig den Parkettboden abzogen. Nicht zuletzt hatte sie darauf zu achten, dass der riesige Vorratsschrank im Régence-Stil ständig aufgefüllt wurde, in dem die wertvollen Küchenzutaten lagerten, die nicht in Giverny selbst hergestellt wurden: Konserven aller Art, Tee vom berühmten Pariser Händ-

> Monet, Foto von Sacha Guitry, 1913.
> > Claude Monet, »Das Frühstück«, 1868, Städelsches Kunstinstitut, Frankfurt.
> > > Der Frühstückstisch.
Bei Reisen nach England und Holland hatte Monet ein ausgiebiges Frühstück schätzen gelernt.

Monets Schreibtisch in Giverny.
> Monet im großen Atelier bei der Arbeit an den Dekorationen für die Orangerie.

ler Kardomah, Olivenöl aus Salon-de-Provence, Cayennepfeffer, Safran, Paprika, Zimt, Kümmel …

Erst wenn sie diese Alltagsaufgaben hinter sich gebracht hatte, konnte sie sich um die Post kümmern und Monet daran erinnern, rechtzeitig das graue Briefpapier mit ihrem Briefkopf, das sie in ungeheuren Mengen verbrauchten, Tinte und Goldstaub zu bestellen. Und immer wieder mussten die verschiedenen Speiseservice kontrolliert werden: Kaum zu glauben, wie viel Geschirr in einem solchen Haushalt zu Bruch ging!

So verstrich der Vormittag immer atemberaubend schnell und man war erstaunt, den äußerst pünktlichen, kleinen Zug vorbeifahren zu hören. Nach ihm konnte man die Uhr stellen, auch wenn die Jungen ihn ab und zu unterwegs anhielten und ihre Kanus einluden, um einige Schleusen zu umgehen. Sie mussten unbedingt pünktlich nach Hause kommen, denn Monet traf stets gegen elf Uhr ein und wartete bereits ungeduldig darauf, bis endlich Essenszeit war. Punkt halb zwölf Uhr rief der Gong die ganze Familie zusammen. Selbst bei wenigen Sekunden Verzögerung begann Monet nervös zu hüsteln und in der Küche brach Panik aus.

Die frühe Essenszeit hatte einen einfachen Grund: Nur so konnte Monet das beste Nachmittagslicht zum Malen nutzen.

Der energiegeladene Maler stand häufig bereits vor dem Morgengrauen auf und schaute von seinem Schlafzimmerfenster aus zum Hügel, in der Hoffnung, den bläulichen Schleier zu entdecken, der einen schönen Tag versprach. Anschließend nahm er in seinem persönlichen Badezimmer eine eiskalte Dusche. Danach gönnte er sich im Speisezimmer ein kräftiges Frühstück. In der Regel leistete ihm Blanche dabei Gesellschaft und transportierte anschließend in einem Schubkarren Leinwände und Staffeleien dorthin, wo Monet an diesem Tag malen wollte.

Diese ausgiebige erste Mahlzeit hatte sich Monet während seiner Reisen durch England und Holland angewöhnt; auch bei Aufenthalten in kleinen französischen Provinzgasthöfen, wo im Gegensatz zu den Städten schon beim Frühstück kräftig zugelangt wurde.

Während sie Eier mit Schinken, gegrillte Würstchen, holländischen Käse oder englischen Stilton und Toastbrot mit Orangenkonfitüre genossen und Tee dazu tranken, hörten sie aus der Küche bereits vertraute Geräusche: Der Herd wurde angeheizt und die ersten Vorbereitungen für das Mittagessen wurden getroffen.

Nach fünf, sechs Stunden Vormittagsarbeit, in der Regel im Freien und nur allzu häufig bei widrigen Wetterverhältnissen, war das Mittagessen um elf Uhr dreißig eine willkommene Abwechslung. Auch für die übrigen Familienmitglieder war das Mittagessen die Hauptmahlzeit, zu der auch Gäste eingeladen wurden. Niemand wäre auf die Idee gekommen, am Abend zum Diner zu bitten. Auch das lag an Monet, der spätestens um halb zehn ins Bett ging, um am nächsten Morgen munter zu sein. Wurde es ausnahmsweise einmal später, war Monet ganz durcheinander, mit Abweichungen im Tagesablauf kam er nur schlecht zurecht.

Der mit dem blauen Geschirr gedeckte Tisch und die Aussicht auf ein gutes Mittagessen versetzten Monet in der Regel in beste Laune. Doch wehe, wenn er einmal mit seiner Vormittagsarbeit unzufrieden war! Bereits die Art, wie er sich bewegte, verriet, ob er mit sich zufrieden war oder nicht.

Auf alle Fälle war es ratsam, ein perfekt zubereitetes Essen aufzutragen. Besonders empfindlich war Monet bei Gemüse, und eine Sauce, die nicht nach seinem Geschmack geraten war, vermochte ihn richtig in Harnisch zu bringen. Aber er machte der Köchin nie persönlich Vorhaltungen, diese Aufgabe übertrug er der Hausherrin.

Bei Marguerite in der Küche ging alles schief. In letzter Sekunde hatte sie festgestellt, dass sie dabei war, statt Bananeneis ein mit grobem Salz versetztes Eis servieren zu lassen! Selbst zwanzig Jahre später löste diese Geschichte noch immer Lachsalven aus.

Wie jeder Mensch hatte natürlich auch Monet seine Marotten. Einem alten Brauch folgend, ließ er sich es nicht nehmen, Wild, Geflügel und Braten höchstpersönlich am Tisch zu tranchieren, obwohl eigentlich Paul in seiner gestreiften Weste fürs Servieren zuständig war. Für Enten hatte Monet eine eigenwillige Zeremonie erfunden: Er schnitt die Flügel ab, bestreute sie mit Muskatnuss, zerstoßenem Pfeffer und grobem Salz und reichte sie Paul, der sie in die Küche zurückbrachte, wo sie bei höllischer Glut kurz gegrillt wurden. Auch bei den Salaten verfuhr er höchst merkwürdig, egal, ob es sich um Endiviensalat mit Knoblauch und gerösteten Weißbrotwürfeln, um Löwenzahnsalat mit gebratenen Speckwürfelchen oder um Portulaksalat handelte: Paul hielt Monet einen großen Schöpflöffel hin, in den dieser reichlich grob zerstoßenen Pfeffer, grobes Salz, Olivenöl und ein wenig Weinessig füllte. Paul goss das Ganze über den Salat und mischte ihn gut durch. Niemand außer Monet und Blanche, die seinen Geschmack teilte, konnte diesen entsetzlich scharfen Salat essen. Deshalb gab es immer zwei verschiedene Salatschüsseln. Auch bei Spargel, den Monet fast roh wünschte, musste die Köchin für den Rest der Familie Extraportionen auftragen lassen.

Monet legte Wert auf gute Weine. Die heimischen Gewächse wie der »Cailloutin de Giverny« oder der »Picolo d'Argenteuil« kamen bei ihm nicht auf den Tisch. Die von Sylvain liebevoll gepflegten Burgunder- und Bordeauxweine standen dagegen hoch im Kurs. Die Adressen der Lieferanten stammten von Pissarro und Durand-Ruel. Der Champagner wurde damals vor dem Servieren in Karaffen umgefüllt, aus heutiger Sicht höchst sonderbar.

Der Kaffee nach dem Essen wurde im Atelier-Salon serviert, dazu reichte man üblicherweise den hausgebrannten Pflaumenschnaps in aus Norwegen mitgebrachten runden Gläschen.

Monet hielt es am Tisch nie lange aus. Die einzelnen Gänge wurden schnell hintereinander serviert. Wenn sein Schwiegersohn Théodore Earl Butler zu Gast war, dessen Phlegma ihm auf die Nerven ging, gab es sogar die Anweisung, nicht nachzureichen.

Alice und die Töchter zogen sich danach in den malvenfarbenen Salon zurück, der gleichzeitig als Bibliothek diente, während Monet weiterarbeitete und erst um sieben Uhr den Pinsel aus der Hand legte.

Salat wurde immer zweimal gereicht.
> Das Haus, durch die Sträucher gesehen.
> > Der sonntäglich gedeckte Tisch. Jeden Tag wurde pünktlich um elf Uhr dreißig zu Mittag gegessen.

Picknicks und Festessen

Vom Auto aus hat man kaum Muße,
die Blätter der verschiedenen Bäume miteinander zu vergleichen.
Und man sieht die Blüten in den Hecken nicht ...
Die vorbeifliehenden Bäume sind Bäume, nichts weiter ...
und sie galoppieren, galoppieren.

OCTAVE MIRBEAU »LA 628-E8«

In den Picknickkörben stapeln sich die Köstlichkeiten: Pasteten, Terrinen ...
< Bei den Picknicks werden im Freien richtige Tische aufgestellt.

Nach und nach stellten sich Veränderungen ein, auch wenn Monets grundsätzliche Einstellung zum Leben gleichblieb. Der Maler arbeitete wie ein Besessener an seinem Garten, auch wenn es natürlich kein Park wie früher in Rottenbourg war. Dafür spielte der kleine Zug nach Giverny eine wichtige Rolle, genau wie die Boote und die Automobile ... Man machte Ausflüge nach Paris, organisierte Picknicks und Jagden, sammelte Morcheln und empfing Gäste wie Caillebotte oder Octave Mirbeau. Besonders im Sommer war das Haus voller Gäste, von denen die meisten mit dem Schiff anreisten. So sehr man sich bemühte, Monet wenig bei der Arbeit zu stören, mit der Beschaulichkeit war es dahin.

Das Haus lebte im Rhythmus der Jahreszeiten, wobei Monets Ausstellungen das Leben in Giverny maßgeblich mitbestimmten. Die Kinder wuchsen heran, heirateten und verließen das Haus. Um die Jahrhundertwende brachten vier Enkelkinder Trubel in die Ruhe des heiteren Gartens:

Suzannes Tochter Lily ließ sich in der Kutsche spazieren fahren, die von der Ziege Nanny Goat gezogen wurde, Jims Tiger brüllten und Germaines Töchter Sisi und Nitou durchlebten mit ihren Puppen dramatische Abenteuer, die von heftigen Lachanfällen abgelöst wurden.

In der Nähe der Linden entstand ein zweites, 1916 am anderen Ende des Besitzes ein

drittes Atelier. Immer seltener spannte Gaston Baudy die Pferde ein, um samstags zum Markt zu fahren, andere Besorgungen zu erledigen, Gäste abzuholen oder sie zu dem Gasthof zu bringen, der seinen Namen trug. Bald wurden schnellere Transportmittel eingesetzt, wobei sich deren Geschwindigkeit in dieser Zeit noch in Grenzen hielt.

Neben dem »Chambre noire« und der Remise (dem Aufbewahrungsort für Fahrräder, Angelruten und die verschiedenen Fischnetze für Krebse, große Flussfische und Aale, denen man in der Ru nachstellte) wurde eine richtige Garage mit einer Grube für eventuell nötig werdende Reparaturen eingerichtet. Michel und Jean-Pierre waren begeistert, sie liebten die knatternden und stinkenden ersten Automobile. Monet wiederum, der selbst nicht ritt und kein Fahrrad fuhr, weigerte sich sein Leben lang, eines dieser Ungetüme zu steuern. Sehr zur Freude der beiden Knaben, die sich begeistert mit dem Innenleben und dem röhrenden Motor des ersten Panhard-Levassor befassten. Ob man es wollte oder nicht: Mit der Technik zog ein neuer Geist in Giverny ein, manche liebgewordene Gewohnheit wurde aufgegeben. Man kann sich kaum vorstellen, welches Fieber unsere Urgroßväter bei dem Besuch der ersten Automobilausstellungen ergriff. Auf den ersten Panhard folgte schon bald ein zweiter, zu dem sich ein Donnet-Zédel gesellte. Dazu der Hotchkiss der Söhne und endlich Sylvains wunderbarer Lieferwagen, das »Zebra«, mit dem das Einkaufen keine Probleme mehr bereitete. Sehr viel später wurde in der Garage auch noch der Lastwagen abgestellt, der extra für Michels Expeditionen in die Sahara gebaut worden war.

Abbé Toussaint segnete ein weiteres Hochzeitspaar: Zur Familie zählten jetzt ein amerikanischer Schwiegersohn* und eine norwegische Schwiegertochter, zu denen sich schon bald ein weiterer Schwiegersohn aus Monaco und eine weitere Schwiegertochter aus dem Périgord gesellten. Nach der Trauungszeremonie wurde im Salon-Atelier, in dem die Bilder in vier Reihen übereinander hingen, das Mittagessen gereicht, von dem eine Speisekarte überliefert ist. Selbstverständlich begab sich die Hochzeitsgesellschaft auch zum großen Becken, um dort traditionsgemäß die Goldfische zu füttern.

Seit der Monet-Rodin-Ausstellung im Jahr 1889 bei Georges Petit, die beide Künstler schlagartig bekannt machte, waren die Geldsorgen endgültig passé.

Der berühmt gewordene Ausruf ihres Freundes Georges de Bellio, »Es lebe Monet! Es lebe Rodin! Forever Monet! Forever Rodin!«, leitete die wohlhabende Periode in Monets Leben ein.

So arbeiteten im Jahr 1901 allein fünf Gärtner in dem luxuriösen Garten, der seine Schlichtheit nur vorspiegelte, während sich ein anderer ausschließlich um das große Wasserbecken kümmerte, das Monet einige Jahre zuvor hatte ausheben lassen. Inzwischen waren die Arbeiten an einem zweiten, noch größeren Becken im Gang.

1900 stellte Monet bei Durand-Ruel Landschaftsbilder aus, die von dem Wasserbecken in seinem Garten inspiriert worden waren. Für 1903 war seine erste Ausstellung bei den Brüdern Bernheim vorgesehen, die seine finanziellen Verhältnisse noch einmal schlagartig verändern sollte. Seine Bilder kosteten inzwischen im Durchschnitt den stol-

* Jean-Maries Großvater

zen Preis von 12 000 Francs. Etwas später erzielte das Gemälde »Frauen im Garten«, das 1867 von der Jury des offiziellen Salons noch abgelehnt worden war, bei einer Auktion 20 000 Francs.

Das unscheinbare kleine Dorf Giverny wurde dank Monet berühmt. Sogar eine amerikanische Künstlerkolonie ließ sich dort nieder. Einige dieser Maler wohnten in der ehemaligen Café-Epicerie, aus der inzwischen das charmante Hotel Baudy geworden war. Dort wurde viel getrunken und bis spät in die Nacht Klavier und Banjo gespielt. Andere Künstler wiederum mieteten Häuser, in denen es nicht minder lebhaft zuging. In dem schlichten Bauerndorf wurden »moderne« Feste gefeiert und »Garden-Partys« gegeben, bei denen die zu Hunderten nach Giverny strömenden Gäste eine Kamelie im Knopfloch trugen.

In der Rue du Pressoir sprachen viele Maler vor, die von Monet unterrichtet werden wollten oder den Meister zu sprechen wünschten. Sie wurden höflich, aber bestimmt abgewiesen. In der Folge isolierte sich Monet noch stärker, sofern das überhaupt möglich war. Auch im Hause Monet bestimmten Freud und Leid den Alltag, doch geregelt wurde der Jahresablauf durch den »gastronomischen Kalender«. Neben der Alltagskost und den Festessen für hohen Besuch spielten besonders die sonntäglichen Familienmittagessen, Monets Namenstag am 6. Juni, sein Geburtstag am 14. November und natürlich Weihnachten und Neujahr eine große Rolle. Auch die rituellen Picknicks, vor allem das zur Eröffnung der Jagdsaison, gehörten zu Givernys kulinarischen Höhepunkten. Sie waren ein Muss.

< < Pilzesammeln ist ein beliebter Vorwand für ein Picknick.
> Jagdpicknick im Familienkreis.
> > Picknicktisch unterm Apfelbaum.

Claude Monet, »Das Frühstück«, um 1873, Musée d'Orsay, Paris.
> Claude Monet, »Frühstück im Freien« (Mittelteil), 1865–1866, Musée d'Orsay, Paris.

Die blaue Küche war Marguerites Reich, hier werkelte sie von morgens bis abends. Von hier konnte man über den Garten bis zum Chemin du Roy schauen. Direkt vor dem Fenster standen zwei japanische Apfelbäume, die ab Mitte April herrlich in Weiß und Rosa blühten. Selbstverständlich hatte sie alle notwendigen Küchengeräte zur Hand: Töpfe, Kasserollen, Bräter, Fischkochtöpfe, alles aus Kupfer. Dazu Backbleche und Backformen, eine große Küchenwaage, die altmodische Sorbetière, die man kaum als richtige Eismaschine bezeichnen konnte, und verschiedene Pfeffer- und Muskatmühlen.

Claude Monet, »Jagdtrophäen«, 1862, Musée d'Orsay, Paris.

Marguerites Arbeitspensum war gewaltig, obwohl ihr anfangs ein, später dann zwei Küchenmädchen zur Hand gingen.

Sehr zeitig frühmorgens wurden die bestellten Gemüse aus dem Gemüsegarten geliefert.

Zum Mittagessen gab es in der Regel eine warme Vorspeise, ein Fleisch- oder ein Fischgericht, manchmal auch beides, Gemüse, Salat und jeden Tag eine andere Nachspeise. Zum Tee gab es selbstgemachtes Gebäck.

Ein Abendessen ohne Suppe war im Hause Monet unvorstellbar. Hinterher gab es ein Eier- oder Käsegericht, zum Beispiel in Förmchen zubereitete Käse-Soufflés, anschließend dann den Hauptgang: ein Geflügelgericht, ein Gratin oder kaltes Fleisch, Salat und Käse. Abends wurde allerdings auf eine Extra-Nachspeise verzichtet. Entweder wurden die Reste vom Mittagsdessert gegessen oder es wurde ein »Kompott à la Marguerite« serviert. Heute würden wir Kirschen, Pflaumen oder Pfirsiche im eigenen Saft dazu sagen. Zum Abschluss gab es selbstgemachten Biskuit oder Genueser Kuchen, der immer vorrätig war.

Angesichts Monets vieler Marotten konnte man schon den Kopf verlieren. Er legte

Wert darauf, dass Chicorée, grüne Bohnen und sogar Kastanien in Dampf gegart wurden und dass Spinat in möglichst wenig Wasser gekocht wurde, damit Geschmack und Farbe nicht »verwässert werden«. Er wünschte, dass Steinpilze in Olivenöl zubereitet wurden – das einzige Rezept, das auf ihn zurückgeht, wenn man der Familienlegende Glauben schenken darf – und akzeptierte Perlhühner nur dann, wenn sie aus der Zucht von Ledanois kamen. Schlimm wurde es, wenn sich ein Kunsthändler zu Besuch angesagt hatte. Da war das Beste gerade gut genug. Die Jäger in der Familie wurden instruiert, das saisonal beste Wild zu schießen, und seinem Gärtner zahlte Monet gutes Geld, wenn es diesem gelungen war, vom Boot aus mit dem Kescher ein Prachtexemplar aus dem großen Wasserbecken zu fischen. Manchmal musste sich Sylvain sogar auf die Suche nach einem der seltenen Steinbutte machen.

Besonders für die Herren Durand-Ruel und Bernheim musste alles absolut perfekt sein, auch Florimonds Gemüse. Ganz zu schweigen von Thadée Natanson, für den immer zwei Enten serviert wurden, oder von Whistler und dessen Vorliebe für lange geschmorte Täubchen. Kam Butler zu Besuch, wurde nach einem Rezept des New Yorker Restaurants »Delmonico« »Hummer Newburg« oder »Welsh rarebits« mit Rotkohl serviert, wobei der Kohl so zubereitet wurde, dass er an den Red Cabbage aus Pennsylvania erinnerte. Nicht zuletzt prägten auch die Schwiegersöhne und Schwiegertöchter mit ihren Gewohnheiten und Vorlieben Monets Tafel.

Wenn die Kinder die Gäste als langweilig oder »nervtötend« empfanden, baten Alice oder Blanche die ohnehin schon überlastete Marguerite, spezielle Picknickkörbe für einen Ausflug vorzubereiten. Die Jungen waren Experten für Käfer und machten sich einen Spaß daraus, Gästen, die sie nicht ausstehen konnten, Namen aus dem Insektenreich zu verleihen.

Wenn einer aus der Familie aus Paris zurückkehrte, brachte er oft ein neues Rezept mit, das die Köchin so originalgetreu wie nur möglich nachzukochen hatte. Wehe, wenn eines dieser Rezepte verlorenging, wie die Seezunge »Marguery«, oder sich als unleserlich herausstellte, wie ein von Maupassant hingekritzeltes Exemplar.

Nach einem Besuch der Herrschaften in London musste Marguerite lernen, den Yorkshire Pudding so zuzubereiten, wie er im Savoy serviert wurde. Warum die berühmte Bouillabaisse von Madame Renoir nicht in der Rezeptsammlung des Hauses Monet auftaucht, wissen wir nicht.

Die Familie Guitry dagegen ist mit drei Rezepten vertreten: Schweinsbug »Sacha«, Bohneneintopf »Lucien Guitry« und Gefüllte Zwiebeln »Charlotte Lysès« (eine damals sehr berühmte Schauspielerin, Sachas Guitrys erste Frau, die von der gesamten Familie vergöttert wurde). Auch andere berühmte Zeitgenossen haben ihre »gastronomischen« Spuren hinterlassen. So gab es bei Claude Monet die Milchbrötchen »Millet«, die Pfifferlinge »Mallarmé«, die Bouillabaisse »Cézanne« aus Stockfisch und, ganz wichtig, die Steinpilze »Durand-Ruel«. Unter den Restaurants gehörten das Drouant (Hummer amerikanische Art), das Prunier (Stockfisch-Kroketten), das Foyot (Schnitzel), das Marguery (Ochsenschwanzragout), das Café de Paris (Seezunge florentinische Art) und das Julien (Butt »Dugléré«) zu den Rezeptlieferanten.

In diesem Zusammenhang gingen auch die Köchinnen berühmter Männer in die Geschichte ein. Es ist nur gerecht, dass wir neben Clemenceaus Marie auch die Marie von Dumas kennenlernen, die Zoé von Degas und Prousts Céleste (die übrigens nie gekocht hat!) und nach Rita, Caroline und Melanie endlich auch die Marguerite von Monet!

Zwischen Werktag und Sonntag gab es nur wenig Unterschiede, wie häufig in Familien, in denen auf gutes Essen Wert gelegt wird. Sonntags wurde nur etwas reichlicher und aufwendiger gegessen. Und wenn Gäste kamen, wurden deren Vorlieben berücksichtigt, doch auch werktags war der Tisch mit viel Liebe gedeckt. Die schlichten Tischdecken waren immer gelb.

Während Monets Zeit in Giverny kamen nur zwei verschiedene Service auf den Tisch: entweder das »japanische« aus der Manufaktur von Creil, ein blau emailliertes Fayence-Geschirr mit Kirschblütenmotiven und stilisierten dunkelblauen Fächern oder das weiße Porzellangeschirr mit breitem gelbem Rand, der von einer dünnen blauen Linie abgeschlossen wurde. Dieses Geschirr war für Festtage und für den Besuch wichtiger Gäste reserviert. In der Mitte des Tisches wurden bescheidene Blumenbouquets arrangiert; oft waren es nur abgefallene Blütenblätter aus dem Garten oder dem Treibhaus, winzige honigfarbene Orchideen mit den typischen Lippen oder wilde Clematisdolden, die in einfachen Schalen schwammen. Alles, was nach »Dekoration« aussah, war verpönt.

In den beiden Silberschränken glänzten Suppenschüsseln, Saucieren, Dessertschalen, eine Obstpyramide, Karaffen und der große Samowar aus massivem Silber für den Tee.

Die Gerichte wurden stets sorgfältig und harmonisch präsentiert, aber nie »dekoriert« oder mit bombastischen Namen versehen. Köchinnen, die bereits Berufserfahrung hatten und erst später bei Monet in den Dienst traten, waren darüber oft sehr erstaunt.

Eines allerdings ist höchst bedauerlich: In der Regel verzichtete man auf handgeschriebene Speisekarten. Schade, dass sich Monet nicht von Whistler anstecken ließ, der die Speisekarten nicht nur selbst schrieb, sondern darüber hinaus mit kleinen Zeichnungen schmückte und sogar mit seinem berühmten Monogramm, dem auf japanische Art stilisierten Schmetterling, signierte.

Diese bewusste Schlichtheit ist wohl mit Fug und Recht als »typisch Monet« zu bezeichnen.

Im Speisezimmer, in dem die Möbel im gleichen Gelb gestrichen waren wie die Wände, wurden auch die festlichen Mittagessen gegeben, zum Beispiel das Festessen anlässlich Monets Geburtstag am 14. November. Die Männer stritten sich um die Ehre, für den Hausherren eine oder, wenn möglich, mehrere Schnepfen zu erlegen. Jean-Pierre war der beste Jäger und erhielt einen »offiziellen« Auftrag. Im Gegensatz zu anderem Wild verdirbt die Schnepfe nicht, so dass man sie unbesorgt abhängen kann, wenn

> *»Pfirsiche Bourdaloue«, ein traditionelles Sonntagsdessert, frisch aus dem Ofen.*

Am 1. Weihnachtsfeiertag kam die extra in Straßburg bestellte getrüffelte Gänseleberpastete im Blätterteigmantel auf den Tisch.

man den entsprechenden »Hautgout« liebt. Monet bestand sogar darauf, dass die Vögel zwei Wochen im Keller an den Schwanzfedern aufgehängt wurden, bevor sie gerupft und gebraten wurden. Monet holte die Innereien heraus und strich sie auf geröstete Weißbrotscheiben, die er mit größtem Genuss verspeiste. Dieses Prozedere ist bei vielen Kleinvögeln üblich, so auch bei Wacholderdrosseln, doch bei Schnepfen wird in der Regel der Kaumagen vor dem Braten entfernt. Zu Monets Geburtstag mussten die Schnepfen unbedingt selbst geschossen werden. Unvorstellbar, sie für dieses Fest bei einem Händler zu kaufen!

Neben der Schnepfe waren am 14. November zwei weitere Gerichte Pflicht: ein stattlicher Hecht oder Steinbutt und als Nachtisch der »grüne Kuchen« mit Pistazien und einem wie in einem orientalischen Märchen grüngefärbten Fondant. Die übrigen Gänge variierten.

Wie in vielen anderen Familien wurde auch bei den Monets auf das weihnachtliche Mittagessen besonderer Wert gelegt, wobei alte Traditionen gepflegt wurden.

Das Speisezimmer wurde mit Blätter- und Blumengirlanden geschmückt und der Tisch mit Kristallgläsern und -vasen sowie Silbergeschirr festlich eingedeckt, dazu legte man selbstverständlich ein besonders feines Tischtuch auf.

Die Mitte des Tisches schmückten Wasserschalen, in denen weiße Schneeballdolden, Christrosen und Jasminblüten schwammen. An den Plätzen der Kinder lagen hellgraue, rot gefütterte Umschläge mit einer bestimmten Geldsumme von Alice und Claude, die »kleinen Papiere«. Neben den Servietten waren hübsch dekorierte Schachteln mit Süßigkeiten, Broschen, Anstecknadeln, Medaillons oder Taschenuhren arrangiert. Die größeren Geschenke wurden unter den Tannenbaum im malvenfarbenen Salon gelegt.

Anlässlich dieser weihnachtlichen Mittagessen spielte plötzlich ein längst überholtes »Kastendenken« wieder eine Rolle. Danach nahm auf dem Hühnerhof die Gans die unterste soziale Stellung ein, weit unter den Hühnern. In einem Haus, in dem man Wert auf gutes Essen legte, durften entsprechend der Rangfolge nur Kapaune und Poularden auf den Tisch kommen.

Zu Beginn des weihnachtlichen Festmahls wurde in der Regel Rührei mit Trüffeln oder Lachs auf amerikanische Art gereicht, anschließend eine extra in Straßburg bestellte Gänseleberpastete in Blätterteig und ein getrüffelter, gefüllter Kapaun, der auf einem Maronenbett aufgetragen wurde. Dazu wurden Périgord-Trüffeln und Maronenpüree serviert. Anschließend unterbrach ein eher rustikaler Feldsalat die festliche Speisenfolge, bevor Gorgonzola oder Roquefort aufgetischt wurde.

Dann endlich kam der von den Kindern heiß ersehnte Augenblick, der die ganze Magie von Weihnachten in sich barg: Paul schloss die Fensterläden und trug den reichlich mit Rum übergossenen Christmas Pudding herein, der zur Freude aller flambiert wurde. Zum Abschluss des Festmahls wurde ein in der altehrwürdigen Sorbetière hergestelltes Bananeneis in Form eines Zuckerhutes gereicht. Den Kaffee servierte man wie immer im Atelier-Salon, anschließend gab es Schnäpse und Liköre.

Das Mittagessen am 2. Weihnachtsfeiertag wurde in der Rue du Colombier bei Marthe und Théodore Butler eingenommen und war nicht weniger üppig; allerdings servierte man hier den Käse nach dem Pudding.

Obwohl sich die Familie im Laufe der Zeit zerstreute, wurden die Feste weiterhin gemeinsam gefeiert. Ein Frühstück im Freien oder eine gemeinsame Mahlzeit am festlich gedeckten Tisch in Giverny einte die Familie stärker als zuvor, falls dies überhaupt möglich war. An den ersten warmen Tagen des Jahres unternahm man Ausflüge mit den Booten oder den Automobilen. Die Picknickkörbe durften dabei natürlich nicht fehlen. Anlässe gab es genug: das Rennen Paris-Madrid, das Rennen an der Côte de Gaillon ... Viele Picknicks wurden jedoch ohne besonderen Anlass veranstaltet. Meist mit Freunden wie Pierre und Jeanne Sisley, Lucien Pissarro, Fernand Haundorf, den Töchtern der Familie Perry und Germain Raingo, einem der zahlreichen Vettern. Mit den anderen Mitgliedern der Familie Remy, vor allem mit Georges Remy, den Vialattes und den Le Moynes, »konnte man sich nicht sehen lassen«, denn sie waren einfach zu »schick« und zu »korrekt«.

Um der Wahrheit die Ehre zu geben: Sobald das Wetter es erlaubte, folgte ein Picknick auf das andere. Würdige Nachfolger der Mittagessen unter freiem Himmel, die nach Monets Einzug in Giverny unter einem improvisierten Dach aus Strohmatten stattgefunden hatten, köstliche Erinnerungen an

>> Der Garten und das Haus im Winter. Alle bereiten sich auf Weihnachten vor. Die Kinder finden an ihren Plätzen die berühmten »kleinen Papiere«, hellgraue Umschläge mit Geld, und geheimnisvolle Schachteln mit Süßigkeiten.

< < und < > Marguerite wirkt an den Vorbereitungen zu Weihnachten in entscheidendem Maße mit: Süßigkeiten, Schokoladen, Kuchen, begleitet von reichlich Champagner aus dem Hause Veuve Cliquot.

die ersten wirklich erlebten Augenblicke in der neuen Heimat. Damals, als Alice und Claude noch tausend Träume und zum ersten Mal das Gefühl hatten, festen Boden unter den Füßen zu haben.

Aber trotz der reizvollen Natur wurden die Gäste lieber ins Haus als zu einem Picknickausflug eingeladen. Monets Atelier und der prachtvolle Garten interessierten eben mehr als ein Ausflug aufs Land. Obwohl sich auch damals viele Menschen für die Natur begeisterten, zogen die meisten es vor, durch das Fenster eines Salons, von der Terrasse eines Hotels oder durch die Scheiben eines Wagens hindurch ins Freie zu blicken. Es war schon ein gewaltiger Unterschied zwischen einem gemütlichen Spaziergang auf verschwiegenen Wegen in Monets wasserreichem Garten mit der japanischen Brücke und dem Streifen durch das Unterholz auf der Suche nach Pilzen! Auch wenn man nach getaner Arbeit zur Belohnung seinen Hut absetzen, auf ein Plaid sinken und halb kniend, halb liegend die Köstlichkeiten aus den Picknickkörben genießen durfte, bevor man sich wieder den stinkenden, knatternden, von

Millionen Mücken umschwärmten Automobilen anvertraute, die partout nicht anspringen wollten.

Alice liebte den Garten, die Wasserbecken und die Schönheit der Landschaft, auch wenn sie nie eine Gießkanne oder eine Gartenschere in die Hand nahm. Häufig trank sie draußen Tee, strickte, nähte oder las auf dem Balkon ein Buch und genoss den vor ihr liegenden Garten. Aber sie war auch eine Geschwindigkeitsfanatikerin und nahm gerne das Auto, um unter einem Vorwand zu einem Ausflug aufzubrechen.

Während der Jagdsaison kamen die Familienmitglieder aus ganz Frankreich zusammen, die einen aus der Vendée, die anderen aus Cagnes und Rouen, und bezogen in den verschiedenen Nebengebäuden Quartier. Im Morgengrauen brachen die erfahrenen Jäger – Männer wie Frauen – mit Gewehren und Jagdhunden auf, um gegen Mittag erschöpft zum Ausgangspunkt zurückzukehren. Doch die Mühe hatte sich gelohnt! An einem lauschigen Platz im Grünen wurden sie mit einem der legendären Picknicks empfangen. Zuvor hatte man Tische und Stühle, Kisten und Koffer mit Geschirr, Besteck und Gläsern sowie natürlich die vorbereiteten Speisen mit den Automobilen herangekarrt. Monet selbst jagte nicht, aß aber mit Begeisterung Wild, vor allem Rebhühner und, wie schon erwähnt, Schnepfen. Auch Krustenpasteten sowie Hasen- und Ententerrinen, die an diesen Tagen aufgetischt wurden, verschmähte er nicht. Bei diesen Anlässen hörte man ihn häufig begeistert rufen: »Zu Tisch! Zu Tisch! Essen wir diese Täubchen, solange sie noch warm sind!« Während die Jäger ihre Heldentaten kundtaten, wurde das Picknick mit verschiedenen Kuchen und Obst beendet. Trockener Wein und herber Apfelmost löschten den Durst. Diese Jagdpicknicks beschlossen die kulinarische Freiluftsaison. Juli und August waren in Giverny leider häufig verregnet, der September hingegen meist ausgesprochen sonnig und mild.

Der Geschwindigkeitsrausch hatte nicht nur Alice, sondern auch Claude erfasst. Das Rennen Paris-Madrid, das auch durch die im Südwesten von Paris liegende Region Beauce führte, war für ihn ein Muss, ebenso wie das an der Côte de Gaillon. Mit ihren Automobilen erforschten die beiden längst auch weiter entfernt liegende Wälder und brachten die Steinpilze gleich körbeweise mit nach Hause. Nicht selten soll Monet danach so fröhlich und entspannt gewesen sein, dass er lauthals sang: »Espoir charmant, Sylvain m'a dit, je t'aime«. Sylvain unternahm sogar Fahrten bis nach Lamotte-Beuvron, um bei den Schwestern Tatin deren berühmten gestürzten Apfelkuchen, die Tarte Tatin, zu genießen.

In Giverny hatten Essen und Trinken einen hohen Stellenwert. So wagte sich Madame Baudy in dem gleichnamigen Dorfgasthof an die Zubereitung von »Boston Baked Beans« oder »Stuffed Spareribs«, um die Wünsche ihrer amerikanischen Kundschaft zu erfüllen. Ihre überwiegend jungen Gäste schwärmten auch von »Squash« und von »Philadelphia Pepper Pot«, der, so behaupteten sie, einem im Dorf Giverny gänzlich unbekannten General zu einem Sieg in einer ebenfalls unbekannten Schlacht verholfen haben soll. Was sie allerdings nicht daran hinderte, ihr Heimweh bei Walzer oder Cakewalk zu vergessen.

Die Tage des Hauspersonals waren lang und arbeitsreich, von Freizeit oder gar Freizeitgestaltung hatten sie nur eine vage Vorstellung. Sylvain spielte abends im Garten zur Entspannung Waldhorn, wie es die früheren Stallmeister in der Sologne getan hatten. Marguerite dagegen beschäftigte sich selbst abends noch mit dem Studium von Hauswirtschaftsjournalen, während sich die Herrschaften im malvenfarbenen Salon bei der Lektüre historischer Rezepte amüsierten.

Den Katalog des Verlegers Charpentier durchblätternd oder aus Paris mitgebrachte Veilchenpastillen lutschend, wurden die Menüs der Folgewoche zusammengestellt, wobei man alles Mögliche bedachte, nur nicht die Frage, ob etwas gesund war oder nicht. Im Hause Monet war es ratsam, sich gastronomischen Themen mit großem Ernst zu widmen, wenn man nicht als Barbar angesehen und mit gönnerhafter Nachsicht behandelt werden wollte.

Krankensüppchen und Fastenmahlzeiten kannte man trotz Alices Bigotterie nicht. Ihre Vorstellungen von einer anständigen Ernährungsweise standen der Epoche Richelieus näher als den Auffassungen von Georges de Bellio und anderen Homöopathen aus ihrem Bekanntenkreis. Nie wäre jemand auf die Idee gekommen, eine Diät einzuhalten, auch wenn sich eine Rezeptur-Sammlung des Homöopathen J. Prost-Lacuzon in der Hausbibliothek befand, in der so appetitliche Verschreibungen wie Arsenicum, Sulfur, Calc Carb (Calcarea Carbonica) und Iodium abgehandelt werden. »Jedes der Medikamente ist abwechselnd eine Woche lang einzunehmen.« Natürlich fehlte auch der pädagogische Hinweis nicht, »eine Diät einzuhalten, sich in immer stärkerem Maße körperlich zu ertüchtigen und ein sehr aktives Leben zu führen ...«.

Sich am Essen erfreuen oder Arsenicum und ähnliche Grausamkeiten einnehmen? Was für ein Dilemma!

In Giverny fand man die ideale Lösung: Beim geringsten Unwohlsein konnte man in Florimonds Gemüsegarten die heilenden Pflanzen und Kräuter finden, darunter Melisse, Bergpfefferminze oder, falls man sich an einem der kühleren Abende erkältet hatte, auch Gurkenkraut. Ein Veilchenaufguss, der den gleichen Zweck erfüllte, schmeckte natürlich sehr viel besser.

Auch gegen die Bleichsucht der Mädchen, gegen Fieber aller Art und gegen die Folgen der Ausschweifungen bei Tisch fanden sich in dieser Rezeptsammlung Ratschläge. In einem speziellen Kapitel befasste sich der Homöopath sogar mit Seelenkrankheiten wie Misanthropie, die mit fünf verschiedenen Mixturen in zwölf- bis dreizehnfacher Verdünnung behandelt werden sollte. Da glücklicherweise niemand an diesen Krankheiten litt, konnten alle diese Ratschläge schnell wieder vergessen werden.

Ein Tag mit den »schicken« Vettern musste sorgfältig geplant werden. Mit ihren gestärkten Hemden, den steifen Kragen und ihrem exaltierten Gehabe waren sie bei den Picknicks auf dem Land fehl am Platz. Und erst diese Tante Cecile Remy, Tante Marguerite Le Moyne wie aus dem Gesicht geschnit-

> > Die Anrichte mit dem gelben Geschirr, das nur bei Festessen und beim Besuch wichtiger Gäste benutzt wurde.

ten, die mit ihrer zur Schau gestellten Erhabenheit die ganze Aufmerksamkeit auf sich zog! In der weit verzweigten Familie wollte man den erfolgreichen Verwandten zumindest einmal aus der Nähe erleben. Monet fand es allerdings nicht immer komisch, wenn Giverny als Anhängsel des Botanischen Gartens in Paris betrachtet wurde. Natürlich waren alle »hingerissen«, Monsieur Monet war »berühmt« und die liebe Alice hatte noch einmal Glück gehabt.

Im malvenfarbenen Salon unterhielten sich die Hoschedé-Kinder ganz offen und ohne Scheu über ihren Vater. Sie blätterten in alten Ausgaben der Zeitschrift »L' Art et la Mode«, die Ernest Hoschedé gegründet und in der Mallarmé sein Gedicht »Nénuphar blanc« (»Weiße Seerose«) veröffentlicht hatte. Doch die Erinnerung an den Vater verblasste mehr und mehr.

Überhaupt ging es im malvenfarbenen Salon meist zu wie in einem Taubenschlag. Daher war es klug, dass Monet sein eigentliches Atelier am anderen Ende des Gartens eingerichtet hatte. Niemand wäre auf die Idee gekommen, den Maler ohne Aufforderung bei der Arbeit zu stören, von Alice und später von Blanche abgesehen, die dort nähten, stickten und mit Monet über Malerei sprachen.

Im Salon wurde nicht nur in Zeitschriften geblättert, auch die Bücher Maxime du Camps wurden gern gelesen, während man freimütig einräumte, von Ibsen nichts zu verstehen und Zola oder Barrès zu verabscheuen. Russische Romane dagegen standen hoch im Kurs, vor allem die Werke Turgenjews. Beliebt waren auch Mallarmés Gedichte, seine Briefe und vor allem seine Rezepte. Gleichzeitig diente der Salon zum Austausch von Gedanken und Neuigkeiten. So kommentierte man ausgiebig den Brand der Opéra-Comique in Paris. Blanche brachte aus der Hauptstadt eine herrliche Anekdote mit, die auch von Julie Manet in ihren Erinnerungen erwähnt wird. Blanche war mit ihrem Vater nach Paris gefahren, um in der Galerie Durand-Ruel die Bilder der kürzlich verstorbenen Berthe Morisot aufzuhängen. Dort stießen sie auf die etwas verlegen wirkende Julie Manet. Ganz Paris schaute in der Galerie vorbei, doch im Grunde geschah nichts. Monet und Degas lagen sich wegen eines Paravents in den Haaren, der die ausgestellten Kunstwerke nach Monets Meinung zweiteilte und die Harmonie störte. Degas explodierte: »Es gibt kein Ensemble, nur Dummköpfe wollen hier ein Ganzes erkennen. Was heißt das schon, wenn ein Kritiker schreibt, dass der allgemeine Eindruck der Ausstellung dieses Jahr weitaus günstiger als letztes Jahr sei?« Mallarmé versuchte zu vermitteln, Renoir den Streit zu schlichten, Monets Töchter schwiegen. Die Angestellten Durand-Ruels aber konnten sich vor Lachen kaum halten.

Im malvenfarbenen Salon wurden auch die Briefe gelesen, die Monet von seinen jährlichen Malreisen, zum Beispiel nach Bordighera oder Belle-Île, täglich nach Hause schickte. Auf Details ging er zum Bedauern der Mädchen nur wenig ein. Mit besonderer Spannung wurden die Briefe aus London erwartet, in denen er ab und zu entgegen seiner Gewohnheit die Abende in der Londoner Gesellschaft beschrieb und natürlich auch die Kleider, die dort von den vornehmen Damen getragen wurden. Der Maler schilderte die Diners mit Sammlern, mit Konservatoren der verschiedenen Londoner Museen und mit den wichtigsten Vertretern des politischen und künstlerischen Lebens, wie zum Beispiel mit Prinzessin Louise. Er durfte sogar von dem Haus eines Freundes aus einen Blick auf die grandiose Zeremonie anlässlich der Beerdigung von Queen Victoria werfen. Dabei lernte Monet auch Henry James kennen. In dieser Zeit schien London der französischen Hauptstadt den Rang abzulaufen. Im Bath-Club in der Dover Street plätscherte Europas High Society im wohlig warmen Wasser, bevor sich die Reichen und Schönen den Heilquellen in Karlsbad zuwendeten. Diese Reisen waren für Monet ein Muss, wollte er auf dem Lande nicht in eine intellektuelle Lethargie verfallen.

Allerdings wurde es immer schwieriger, den Maler zu überzeugen, Gegeneinladungen seiner Gäste anzunehmen. Die Poher-Palmers zum Beispiel luden ihn nach Chicago ein, Mary Hunter bat in den Palazzo Barbaro nach Venedig und Mrs. Sargent Curtis nach Japan oder nach Indien.

Die Maronen, die an Weihnachten zum Kapaun serviert werden.

Die Gäste in Giverny

Sich in ein Dorf flüchten und das Dorf zum Zentrum der Welt machen.
JULES RENARD, TAGEBUCH

Claude Monet, »Les Galettes«, Paris, Privatsammlung.
< Sobald es das Wetter zulässt, wird der Tee im Garten serviert. Monet liebt starken Tee.

Was für ein Leben führten Alice und Monet eigentlich in Giverny? Auf der einen Seite Monet mit seinen Ansprüchen, seiner Besessenheit bei der Arbeit, seinem Hang zu Bequemlichkeit und gutem Essen und seiner ausgeprägten Liebe zur Natur. Auf der anderen Seite Alice. Bei ihr war die Sache komplizierter: Zwar akzeptierte sie Monets Lebensstil und unterstützte ihn auch dann, wenn er sich hinter seiner Malerei verschanzte. Aber sie hatte auch die langen Wintertage zu überstehen, diese Zeiten der »Leere«, wenn Monet wie besessen in seinem Atelier arbeitete und mit niemandem sprach. Die vielen Gäste im Sommer dagegen bereiteten ihr kein Kopfzerbrechen. Im Gegenteil, wenn Leben im Haus war, fühlte sie sich wohl. Genauso viel Freude bereiteten ihr die Ausflüge nach Paris.

Im nahe gelegenen Vernon hatte sich das Warenangebot unterdessen beträchtlich erweitert. Aber der Tee aus Darjeeling, Ceylon oder China, der italienische Käse, die Kleidung, die Bonbons von Fouquet, die Visitenkarten, die Schreibgarnituren sowie Chintz und Cretonne für die Bezüge der Liegen in den Ateliers kamen weiterhin aus Paris.

Wenn die Monets nach Paris fuhren, um einzukaufen, einen Galeristen zu treffen, eine Ausstellung zu organisieren, Freunde zu besuchen, Bücher zu kaufen oder auch eine Theateraufführung anzuschauen, nahmen sie meistens den Zug bis zum Bahnhof Saint-Lazare. Brachte sie Sylvain mit dem Wagen in die Stadt, dann ließ er ihn an der Porte de Saint-Cloud stehen. Der Großstadtverkehr erschreckte ihn. Sie stiegen im Hotel Terminus direkt am Bahnhof ab. Das Viertel war sozusagen das »Hauptquartier« der Familie in Paris, vor allem von Butler und Marthe und später von Jim und Lily. In der Regel verließen sie kaum das Viertel am rechten Seine-Ufer mit den großen Galerien der Impressionisten. Hier erledigten sie ihre Einkäufe und speisten in den luxuriösen Restaurants.

Sie besuchten die Oper, um die begnadete Wagner-Sängerin Rose Caron und Fjodor Schaljapin in »Boris Godunow« zu hören. Sie bewunderten Loie Fuller (die ihnen von Rodin vorgestellt wurde) bei ihrem Schlangentanz in den Folies-Bergères und die Tänzerinnen aus Java und Kambodscha, die in Paris Gastspiele gaben. Sie waren begeistert, ja hingerissen vom Ballets Russes unter der Leitung von Diaghilew und von den Bühnenbildern von Léon Bakst und erlebten Nijinsky, dessen Interpretation von Debussys »L'après-midi d'un faune« zu einem Skandal ausartete. Am meisten überrascht wohl Alices ausgesprochene Vorliebe für Boxkämpfe, bei denen die Kontrahenten keine Boxhandschuhe trugen. Das war natürlich gefährlich, oft gab es sogar Todesfälle.

Claude und Alice genossen das Leben in der Hauptstadt in vollen Zügen. Sie besuchten jeden Tag eine Aufführung und danach jedes Mal ein anderes Restaurant oder Freunde. Seit langem schon mied Monet die einfachen Wirtshäuser, in denen sich bleiche Jünglinge in weiten Umhängen eher von Aphorismen ernährten anstatt von handfesten Dingen. Es war lange her, seit Monet und Geffroy ihr freitägliches »Dîner Drouant« gegründet hatten, oder dass sich am ersten Donnerstag eines Monats Mallarmé, Georges de Bellio, Caillebotte, Monet und Renoir im Cafe Riche trafen. Eine Zeitlang gab es so viele feste Termine, dass sich niemand mehr zurechtfand.

In welchem Restaurant Claude Monet und Antonin Proust gegessen haben, nachdem sie von ihren Sekundanten überredet worden waren, auf das geplante Duell zu verzichten, weiß man heute nicht mehr. Normalerweise ging man nach Duellen im Bois de Boulogne üblicherweise ins Ledoyen, das ehemalige Hauptquartier des bedauernswerten Ernest Hoschedé. Die Monets besuchten zu Beginn des 20. Jahrhunderts vor allem das Prunier, das Julien, das Café de Paris, das Café Anglais oder das Marguery. Dort genossen sie Gerichte, die in Giverny nicht auf den Tisch kamen. Bei Drouant ließen sich Alice und Claude gemeinsam mit Eugène

Carrière, Rodin, Ajalbert, Lucien Descaves, Maurice Joyant, Rosny, Paul Clemenceau, Coquelin, Frantz Jourdain und Edmond de Goncourt die Schnepfe »Drouant« oder den Butt »Bercy« oder die Birnen »Josette« schmecken.

Dazu wurde ein von Drouant selbst ausgesuchter und nur für diesen Zweck reservierter Haut-Brion aufgetragen. Goncourt sprach bei diesen Freitagsdiners in lyrischer Verzückung von der angeblich in Lothringen erfundenen Krebsbutter!

Juni 1921, Monet in Begleitung von Clemenceau und Lily auf der japanischen Brücke.

Bei der ersten sich bietenden Gelegenheit meldeten sich die Pariser Freunde in Giverny, sie warteten nur auf eine Ermunterung zum Besuch. Natürlich kamen sie lieber in der warmen Jahreszeit, um auch den Garten bewundern zu können. Alice hatte an diesen Tagen alle Hände voll zu tun, um den Strom von Besuchern zu »kanalisieren«. Auch die von einem Kunsthändler empfohlenen Sammler konnten nicht abgewiesen werden, mit der Folge, dass Monet seine Arbeit unterbrechen und das Atelier aufräumen musste. Aber er wagte es selten, einen Interessenten vor den Kopf zu stoßen.

Trotz aller damit verbundenen Mühen und Schwierigkeiten empfing Alice gerne Gäste.

Zumal Monets Freunde nie langweilig waren, auch wenn einige für ihren Geschmack etwas zu mondän auftraten und ihre Begleiterinnen nicht immer ihren Beifall fanden ... Doch Alice war zu sehr »Grande Dame«, um sich etwas anmerken zu lassen.

Auch Monets Geschäftspartner zählten zu seinen Freunden, obwohl er mit ihnen hart verhandelte. Selbst in seinen finanziell schwierigsten Phasen hatte Monet stets darauf geachtet, seine Bilder nicht zu verschleudern und auch keine Exklusiv-Verträge abzuschließen. Dieser Geschäftspolitik blieb er auch bei zunehmendem Erfolg treu, wenngleich es großer Diplomatie bedurfte, mit den Durand-Ruels und den Bernheims gleichzeitig Geschäfte zu machen und befreundet zu bleiben.

Alice wusste, wie wichtig es war, die Kunsthändler gebührend zu empfangen. Der schlaue Fuchs Talleyrand sagte einmal zu seinem Souverän: »Majestät, dringender als schriftliche Anweisungen brauche ich Kochtöpfe.« Ein Vertragsabschluss war allemal einen Hasen »royal« wert.

In Giverny wurden die Gäste von einem Blütenmeer erwartet. Das Haus war von wildem Wein und Kletterrosen überwuchert und im Garten lösten sich je nach Jahreszeit farblich genau aufeinander abgestimmte Blumenrabatten ab: vom durch weiße und rosa Farbtupfer abgemilderten Feuerrot des Frühjahrs bis zu den sanften Farben des Herbstes.

Die Mauern, die das Anwesen umgaben, bestärkten den Eindruck der Abgeschlossenheit noch, und niemand wäre auf die Idee gekommen, unangemeldet nach Giverny zu fahren und Monet zu stören. Selbst Sacha Guitry machte schlechte Erfahrungen. Er wurde schlichtweg abgewiesen, als er eines Tages überraschenderweise auftauchte.

Zu den Gästen aus Paris gesellten sich Freunde aus London und Venedig, die Amerikaner von der Ostküste und aus Chicago und Abbé Toussaint, der einzige Gast aus Giverny, der weltoffen genug war und mit seinen glänzenden Englisch-Kenntnissen bestechen konnte.

Die meisten Besucher stiegen am Pariser Bahnhof Saint-Lazare in den Zug und fuhren bis nach Vernon, wo man sie abholte. Besonders Sportliche gingen von Vernon aus zu Fuß, andere wie Caillebotte, Mirbeau, Helleu, die Johnstons und viele andere ließen es sich nicht nehmen, auf der Seine anzureisen. Sie alle tauschten ihre luxuriösen Wohnungen und Hotelzimmer gegen das schlichte Ambiente in Giverny. Monets Haus musste seinen Zeitgenossen äußerst »modern« anmuten, nur ganz wenige erlesene Stücke wie eine blaue Fayence aus Delft, eine Arita-Vase,

Monet bei einem Spaziergang mit dem Baumschulbesitzer Georges Truffaut, einem Freund der Familie.

eine Imari-Vase oder auch die dezenten Vasen der Compagnie des Indes, die die Katastrophe von Rottenbourg überlebt hatten, milderten den nüchternen Charakter.

Die Gäste wurden gebeten, so zeitig einzutreffen, dass sie vor dem Mittagessen um halb zwölf noch einen Blick ins Atelier und in die Gewächshäuser werfen konnten. Zwischen dem im Haus servierten Kaffee und dem Tee, der üblicherweise im Freien unter den Linden, bei den Wasserbecken oder auch auf dem Balkon eingenommen wurde, fanden anregende Gespräche statt. Bisweilen ließ es sich Monet nicht nehmen, seine im ersten Stock des Hauses untergebrachte Privatsammlung mit Bildern von Cézanne, Renoir, Pissarro, Degas, Morisot, Manet, Signac, Corot und Delacroix zu zeigen. Eine Sammlung, die sich im Übrigen ständig veränderte.

Der Tee wurde nach einer zur Tradition gewordenen Zeremonie zubereitet: Paul brachte kochend heißes Wasser aus der Küche, während Alice und später Blanche die Kostbarkeiten des berühmten Pariser Teehändlers Kardomah mit einem speziellen Löffel abmaßen. Dazu wurden Scones, runde Maronenkekse oder Zimt-Toasts gereicht.

Es war allgemein bekannt, welch großen Wert Monet auf Pünktlichkeit legte. Deshalb mochte er es gar nicht, wenn seine Gäste im Auto anreisten. Das Risiko war einfach zu groß, sich zu verspäten: Die einen verfuhren sich, andere wieder hatten Reifenpannen. Marguerite berichtete, einmal sei Monet über eine Veränderung des gewohnten Tagesablaufs so empört gewesen, dass er drauf und dran gewesen sei, sich schon ohne seine Gäste an den Mittagstisch zu setzen.

Unmöglich, alle Gäste in Giverny aufzuzählen. Neben den alten Malerfreunden aus den schwierigen Anfangszeiten wie Renoir, Sisley, Pissarro und Cézanne besuchten ihn auch Eugène Carrière, Paul Helleu, John S. Sargent, James Whistler und ausgewählte Künstler der amerikanischen Kolonie in Giverny, darunter Lilla Cabot Perry, Theodore Robinson und natürlich Marthes Ehemann Theodore Earl Butler, der ohnehin zur Familie gehörte. Eng befreundet waren die Monets mit Caillebotte, der ihnen in den schwierigsten Zeiten großzügig geholfen hatte, mit Berthe Morisot und mit Edgar Degas. Mit Mary Cassatt und später dann mit Edouard Vuillard, K. X. Roussel und Pierre Bonnard unterhielt man zwar herzliche, gleichwohl doch etwas distanziertere Beziehungen. Auch Matisse pilgerte ein- oder zweimal nach Giverny.

Aber es waren nicht nur Maler, die aus Interesse für Monets Arbeiten nach Giverny kamen, sondern auch Schriftsteller wie Mallarmé, Paul Valéry und auch Clemenceau, der die Entwicklungsgeschichte der »Seerosen-Bilder« in seinen Büchern trefflich beschreibt.

Der Händler Maurice Joyant kündigte seinen Besuch in Begleitung von Isaac de Camondo an, der die »Kathedralen-Bilder« erwerben wollte. Lucien Guitry brachte Anatole France mit, was Monet besonders freute. Die Bernheims schickten den Prinzen von Wagram nach Giverny, der so verwegen durch die Gegend raste, dass die Monets sich weigerten, in sein Auto zu steigen. Und selbst ein gewisser Calder, der Vater des Bildhauers, stattete Monet einen Besuch ab.

Sacha Guitry und Charlotte Lysès waren häufig zu Gast, ebenso Mary Hunter, eine Freundin von John S. Sargent sowie die Verleger Fasquelle, Gallimard und Charpentier. Stammgäste waren auch der englische Flieger und Gelegenheitsmaler Henri Farman sowie der extravagante James Whistler, der seine Gäste gerne in einem Pseudo-Kimono empfing, mit Begeisterung selbst kochte und häufig die Speisen so färbte, dass sie mit dem blau-weißen Geschirr harmonierten.

Während der Blütezeit von Giverny war die Liebe zu Japan in Westeuropa weit verbreitet. Nicht zuletzt ausgelöst durch den Enkel von Commodore Perry, der sich in Monets Dorf niederließ und die Bewohner mit seinen Schilderungen über das fernöstliche Land faszinierte.

Der Japankult zog auch in Monets Haus ein. Das fing an mit der weißen Porzellankatze, die auf dem Sofa im dritten Atelier ruhte, quasi als Stellvertreterin für die in Giverny verbotenen Katzen. Richtige Katzen waren in Giverny unerwünscht, aus Furcht, sie könnten die gepflegten Blumenbeete aufscharren. Dazu kamen das Geschirr aus Creil mit den Japan-Motiven, zahlreiche Drucke, aber auch Bücher mit Märchen und Legenden aus dem fernöstlichen Land. Und die in Frankreich sehr seltenen Lilienknollen, die direkt aus Japan nach Giverny geschickt worden waren und in den Treibhäusern prächtig gediehen. Auch die Art, die Initialen zu sticken oder bei Vornamen die Buchstaben vertikal anzuordnen, zeugten davon. Monets Sinn für Einfachheit hielt die Mode allerdings in Grenzen, Auswüchse ließ er nicht zu. Anders als Edmond de Goncourt in seiner Pariser Wohnung, wo man sich vorkam wie in einem Pavillon auf der Pariser Weltausstellung. Alles, was unerwartet oder fremdartig war, bezeichnete man damals als »japanisch«. Alexandre Dumas junior verlieh zum Beispiel einem Salat mit Périgord-Trüffeln, Champagner und Orléans-Essig, dessen Rezept er in der Komödie »Francillon« verrät, den blumigen Titel »Japonerie«. Erfreulicherweise wurde dieser Salat nie im Hause Monet aufgetragen.

Dennoch ist es überraschend, dass wir in den Rezeptheften keinen Hinweis auf ein für japanische Gäste bestimmtes Menü finden. Die Kurokis gehörten zu den ersten Japanern, die nach Giverny eingeladen wurden und Bilder von Monet kauften. Madame Kuroki freundete sich eng mit Blanche an. Ihre Großmutter Marquise Matsukata gehörte zum unmittelbaren Gefolge der japanischen Kaiserin.

Auf ihren Reisen nach Marseille und Paris lernten die Japaner die westliche Lebensart kennen. Sie waren bemüht, sich mit den Ragout-Mischmaschs, den schmucklos angerichteten Platten und mit der Manie, die Wände vollzuhängen, zu arrangieren. Die Monets versuchten, auf die Vorliebe der Japaner für reine Formen und sparsame Dekorationen Rücksicht zu nehmen und ließen das weiß-gelbe Service aufdecken, da das blaue mit den japanischen Motiven unter Umständen die Gefühle der Gäste hätte verletzen können …

Aber die Japaner verehrten Monet. Sie beglückwünschten ihn, einer der ersten westlichen Maler zu sein, der mit den Gesetzen der Perspektive gebrochen habe, mit der Folge, dass sich selbst so feinsinnige Ästheten wie die Herren Bing, Hayashi oder Kazunori Ishibashi im Hause Monet ein klein wenig wie zu Hause fühlten.

Dank dieser internationalen Gäste hätte man den Eindruck gewinnen können, Giverny sei ein Vorort von Boston und Yokohama.

Das jeweils passende Menü war für eine erfahrene Gastgeberin wie Alice kein Problem. Mehr Schwierigkeiten gab es bei der Wahl des Verkehrsmittels, mit dem die Gäste abgeholt werden sollten, denn die einen liebten gemütliche Pferdekutschen, während die anderen sich an der Geschwindigkeit der Automobile berauschten.

Nur ein Beispiel: Rodin kündigte seinen Besuch an und wollte den Politiker Pierre Waldeck-Rousseau mitbringen, der später zum Präsidenten des Ministerrates ernannt worden ist. Die beiden waren in den exklusiven Pariser Salons gern gesehene Gäste. Rodin fuhr gerne mit der Kutsche, ertrug aber höchstens einen verhaltenen Trab. Das brachte Alice in Schwierigkeiten. Sie konnte Gaston doch nicht bitten, einen so wichtigen Politiker im Schritt zum Haus zu bringen. Bei Degas dagegen musste man schlicht und einfach hoffen: Hatte er einen guten Tag, dann unterhielt er die ganze Gesellschaft mit seinen Bonmots, an anderen Tagen wiederum konnte er regelrecht bösartig werden. So hatte er den Maler Paul Helleu einmal als »Dampf-Watteau« bezeichnet, unmöglich, die beiden gleichzeitig einzuladen.

Das meiste Kopfzerbrechen bereitete Alice die Verschiedenartigkeit der Charaktere ihrer Gäste. An manchen Tagen schien die Luft zu brennen, so angespannt war die

Atmosphäre. So zum Beispiel, als sich Cézanne im Garten vor Rodin hinkniete und sich bei ihm bedankte, dass dieser ihm die Hand gegeben hatte! Gerade er, der »Umgang hat mit allem, was man tunlichst vermeiden sollte, und der für seine delikaten Affären in der Öffentlichkeit bekannt ist«. Rodin war es zu verdanken, dass man eine der schönsten Tänzerinnen der damaligen Zeit in Giverny empfangen konnte. Die Söhne der Familie waren von Isadora Duncan regelrecht besessen. Sie tanzte für Monet in dem großen Seerosen-Atelier, so wie Nijinsky für Rodin getanzt hatte. Marguerite Namara von der Chicagoer Oper spielte Klavier dazu.

Monets alter Freund Clemenceau war in die Panama-Affäre verstrickt und geriet in eine heikle Lage, zumal er zur gleichen Zeit mit den Brüdern Daudet und mit Lockroy, dem Schwiegersohn Victor Hugos, bei Gastine Reinette verkehrte. Nicht gerade ein Ruhmesblatt für den Politiker, ebenso wenig wie sein Duell mit Déroulède, der ihn mit den Worten lächerlich machte: »Ich habe nicht Clemenceau getötet, sondern seine Pistole.«

In Giverny zu leben, das hieß auch am Pariser Klatsch teilzuhaben. Man amüsierte sich köstlich über die neuesten Skandalgeschichten, die von den Besuchern aus der Hauptstadt zum Besten gegeben wurden. In Giverny zu leben, hieß aber auch, Paul Valéry zu lesen, eine verblühte Iris abzuschneiden, Gott und die Welt zu empfangen, mit Delphine ein Schwätzchen zu halten und kurz darauf nach London zu reisen, sich über das Parlament zu ärgern, das sich einfach nicht porträtieren lassen wollte, und bis zum letzten Tag die geliebte Gauloises Caporal zu rauchen.

Einer, von dem man es hätte erwarten können, besuchte Giverny nie: Marcel Proust. Wenngleich er Monets Wirken mit Interesse verfolgte und seine Bilder schätzte. Dabei hätte man sich den Schriftsteller so gut in dem gelben Speisezimmer vorstellen können, in einen dicken Mantel gehüllt, ohne einen Bissen zu essen. Oder wie er durch die Scheiben des Gewächshauses hindurch die Orchideen bewundert, besonders in der Nacht im gleißenden Scheinwerferlicht, so wie im Garten der Herzogin von Clermont-Tonnerre, als er die Scheinwerfer seines Autos auf die Rosenalleen hatte richten lassen ...

Die Ermordung des österreichischen Thronfolgers Franz Ferdinand und der dadurch ausgelöste Erste Weltkrieg wirkten sich natürlich auch auf Giverny aus. Das Leben wurde komplizierter, vieles veränderte sich. Aber selbst dieses epochale Ereignis und seine Folgen hatten den streng reglementierten Tagesablauf im Hause Monet nicht grundlegend erschüttern können. Denken wir nur an die Mittagessen mit den Mitgliedern der Akademie Goncourt im Großen Atelier, an das Mittagessen mit Clemenceau, an Monets Geburtstag am 14. November 1918, drei Tage nach dem Waffenstillstand, oder an die letzten großen Mittagessen der Nachkriegszeit mit den Kurokis.

Monet starb 1926. Blanche, die bereits 1911 die Rolle der Hausfrau von ihrer Mutter übernommen hatte, pflegte ihn bis zu seinem Tod. Blanche versuchte auch danach, Giverny am Leben zu halten. Eine Hoschedé-Monet war nicht bereit, sich mit Kartoffelpüree aus der Tüte oder Schnellgerichten anzufreunden. Im September 1940, als in und um Paris herum alles drunter und drüber

Die japanische Brücke im Garten von Giverny.

ging, schrieb Blanche an den Grafen Metternich, mit der Bitte, das Haus doch unter seinen persönlichen Schutz zu stellen. Kurz darauf brachte man ein offizielles Schild an: »Dies ist das Haus von Claude Monet. Betreten für Besatzungstruppen untersagt.«

Jetzt brauchte sich Blanche um Giverny keine Sorgen mehr zu machen.

Das große Haus war zu dieser Zeit fast unbewohnt. Denn als im Juni 1940 die letzten verbliebenen Hausangestellten den roten Lastwagen des fahrenden Händlers Cygne bestiegen, hatte auch Blanche akzeptieren müssen, dass die Zeit der großen Feste in Giverny endgültig vorbei war.

Nun hatte Marguerite ihre Schürze für immer beiseite gelegt.

> > Der Champagner wird in eine Karaffe umgegossen, bevor er serviert wird. In Giverny trinkt man meist Veuve Cliquot.

Rezepte

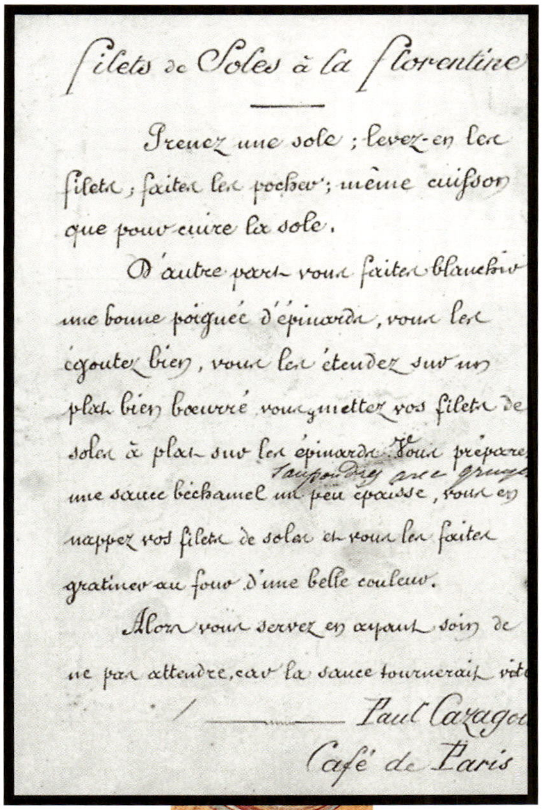

Filets de Soles à la Florentine

Prenez une sole ; levez-en les filets ; faites les pocher ; même cuisson que pour cuire la sole.

D'autre part vous faites blanchir une bonne poignée d'épinards, vous les égoutez bien, vous les étendez sur un plat bien beurré vous y mettez vos filets de soles à plat sur les épinards. Vous préparez une sauce béchamel un peu épaisse, vous en nappez vos filets de soles et vous les saupoudrez avec gruyère faites gratiner au four d'une belle couleur.

Alors vous servez en ayant soin de ne pas attendre, car la sauce tournerait vite.

Paul Cazagou
Café de Paris

Ein Rezept aus dem Café de Paris:
Seezunge florentinische Art.

Suppen und Eintöpfe

Garbure
Kohleintopf

Einen großen Kohlkopf blanchieren, 15 Minuten kochen, abtropfen lassen und in dünne Scheiben schneiden. In eine gefettete Tonform abwechselnd eine Lage altbackenes, in Scheiben geschnittenes Brot, eine Lage Kohl und eine Lage geriebenen Käse schichten, bis der Kohl aufgebraucht ist. Mit Käse abschließen.
Drei oder vier Kellen Rinderbrühe aufgießen, in den Ofen stellen und einige Minuten überbacken. Die Garbure in der Form servieren, dazu Bouillon reichen.
Man kann die Garbure auch mit dem Gemüse eines Rindfleischeintopfes oder jedem anderen Gemüse zubereiten.

Soupe royale
Consommé mit Eierstich

Zutaten: Consommé, 2 Eigelbe, 1 Ei, Rindfleischbrühe.

Die 2 Eigelbe und das Ei miteinander verrühren, ohne dass es schäumt (wie für Omelette), salzen und mit ½ Tasse Fleischbrühe verschlagen. In eine kleine feuerfeste Schale geben (die Masse darf höchstens 2 Zentimeter hoch eingefüllt werden). Dann die Schale in eine etwas größere, mit Wasser gefüllte Form geben und bei mittlerer Hitze in den Ofen stellen, bis die Masse stockt. Nicht braun werden lassen. Abkühlen lassen. Die Consommé erhitzen, den Eierstich in Stücke schneiden und zusammen mit der Consommé in die Suppenterrine geben.

Potage Fontanges
Feine Erbsensuppe

1 gehäuften Esslöffel Butter in einem Topf erhitzen. 1 gehackte Zwiebel, 2 in Scheiben geschnittene Stangen Lauch (nur das Weiße), eine Handvoll gehackten Sauerampfer und etwas fein gehackten Kerbel hineingeben, anschwitzen lassen, bis alles gut mit Butter überzogen ist. Nicht braun werden lassen. Anschließend eine Pinte (ca. 1 Liter) getrocknete Erbsen und 2 gewürfelte Kartoffeln hinzugeben. Mit 1,5 Liter Fleischbrühe auffüllen. Für eine weniger gehaltvolle Suppe die Brühe durch Wasser ersetzen.
Salzen, pfeffern und 2 Stunden köcheln lassen. Das Ganze durch ein Sieb streichen und unter ständigem Rühren einige Minuten weiterkochen. Ein eigroßes Stück weiche Butter, 2 Eigelbe und 250 Gramm Crème fraîche gut miteinander verschlagen. Das Ganze in eine vorgewärmte Suppenterrine geben und die kochende Suppe darübergießen. Mit fein geschnittenen Weißbrotscheiben servieren.

Potage à la Dauphine
Rübchensuppe à la Dauphine

500 Gramm junge Teltower Rübchen waschen und abbürsten. Ein Stück Butter in einen Topf mit Wasser geben und das Gemüse so lange köcheln lassen, bis man es leicht mit einer Gabel durch ein grobes Sieb streichen kann. Das Püree wieder auf den Herd stellen und ein großes Stück Butter oder 2 Tassen Sauerrahm unterrühren. Sehr heiß servieren.

‹ Jeden Abend wird bei Monet eine Suppe serviert, hier Knoblauchsuppe (Rezept Seite 113).

Potage au céleri-rave
Selleriesuppe

Einen großen Sellerie in Würfel schneiden. Selleriewürfel in 2 Esslöffeln Butter anbräunen, 3 mittelgroße Kartoffeln grob würfeln und hinzugeben. Anschließend umrühren, salzen und mit soviel kochendem Wasser auffüllen, bis die gewünschte Menge Suppe erreicht ist. Lange köcheln lassen, durch ein Sieb streichen und wieder erhitzen. Mit gerösteten Brotwürfeln und kleinen, rohen Selleriewürfeln servieren.

Potage aux tomates
Tomatensuppe

Zutaten: 4 große Tomaten, 1 kleine Zwiebel,
1 EL Zucker, 1 EL Butter, 1 TL Mehl,
1 TL Fleischextrakt, 1 Messerspitze Natron,
1 Lorbeerblatt, 2 Stängel Petersilie, Salz.

Die Tomaten vierteln, mit dem Fleischextrakt, der Petersilie, dem Lorbeer, dem Natron und dem Zucker in eine Kasserolle geben und sanft köcheln lassen, bis die Tomaten gar sind. Die Zwiebel in Scheiben schneiden.
In einer anderen Kasserolle die Butter zerlassen und die Zwiebel darin andünsten. Mit dem Mehl überstäuben und umrühren. Zwiebel und Mehl dürfen nicht braun werden. Zuerst mit etwas gekochter Tomate vermengen, dann den Rest hineingeben, salzen und gut verrühren. Durch ein Sieb streichen, nochmals erwärmen, abschmecken und servieren.

Pour faire un bon consommé
Grundrezept für eine gute Consommé

5 Liter kaltes Wasser in einen Topf geben und die Innereien und die Knochen von 2 nicht zu jungen Hühnern hinzufügen. Zum Kochen bringen und abschäumen. 6 große Karotten, 4 kleine weiße Rübchen, 2 große Stangen Lauch, 1 Stange Staudensellerie, 1 große Zwiebel, 1 Säckchen mit 2 Gewürznelken, Lorbeer, Thymian und Petersilie hinzugeben und die Mischung 3 Stunden köcheln lassen. Von Zeit zu Zeit abschäumen. Durch ein Sieb geben. Falls eine sehr klare Consommé gewünscht wird: die Brühe abkühlen lassen und entfetten, wieder auf den Herd stellen und erhitzen, sie darf aber nicht kochen. 2 geschlagene Eiweiße hineingeben, umrühren, aufkochen und dann durch ein Sieb schütten.

Pour faire un bouillon gras
Grundrezept für eine Fleischbrühe

1,5 Kilo Suppenfleisch und 500 Gramm Suppenknochen in 3 Liter Wasser zum Kochen bringen. 1 Stunde bei mäßiger Hitze kochen lassen und abschäumen. 250 Gramm Karotten, eine Handvoll weiße Rübchen, 1 große Zwiebel, 1 dicke Stange Lauch und 1 Säckchen mit Petersilie, Thymian, Sellerie und Gewürznelken dazugeben. Wieder zum Kochen bringen und 3 Stunden köcheln lassen. Durch ein Sieb geben.

Soupe a' l'ail
Knoblauchsuppe

Die Menge nach der Anzahl der Gäste berechnen: pro Person benötigt man 2 Knoblauchzehen, 1 Ei, 1 gehäuften Teelöffel Butter, Weißbrotwürfel sowie Petersilie. Die Knoblauchzehen in ausreichend Wasser geben (pro Person 250 Milliliter), salzen, pfeffern. Die Mischung kochen lassen, bis der Knoblauch weich ist. Die Zehen zerdrücken, den Topf vom Feuer nehmen. In einer großen Schüssel die Eier gut verschlagen, etwas von der Knoblauchsuppe hinzugeben und vermengen, bis die Masse gut gebunden ist. Anschließend unter starkem Rühren in die restliche Suppe geben und die Butter hinzufügen. Die Suppe wieder erhitzen, aber auf keinen Fall zum Kochen bringen.
Die aus altbackenem Weißbrot geschnittenen Würfel in Butter anrösten und in eine Suppenterrine geben, sofort die heiße Suppe darüberschütten, mit gehackter Petersilie bestreuen, servieren.

Soupe aux poireaux et pommes de terre
Lauch-Kartoffel-Suppe

5 oder 6 große Lauchstangen gut waschen, das Weiße in Scheiben schneiden und in 1 Esslöffel heißer Butter gut anschwitzen. Mit 1 Liter heißem Wasser auffüllen, salzen und 45 Minuten köcheln lassen. 4 gewürfelte, feste Kartoffeln hinzugeben und 20 Minuten weiterköcheln lassen. Die Suppe in die Terrine geben und mit einem Stück Butter verfeinern.

Potage Germiny
Sauerampfersuppe

2 gehäufte Handvoll Sauerampfer in 1 Esslöffel Butter anschwitzen. Sobald er gar ist, in ein feines Sieb geben, auspressen und den Saft auffangen.
1 Liter Consommé erhitzen, den Sauerampfersaft hinzugeben. 2 Eigelbe mit lauwarmer Bouillon vermischen, in die heiße Brühe gießen und dabei ständig umrühren, bis die Suppe cremig wird. Warm stellen.
Nicht zu dicke Brotscheiben in Butter anrösten, auf den Boden einer Suppenterrine legen, die Suppe nochmals erhitzen und über die Brotscheiben gießen.

Soupe aux herbes
Kräutersuppe

1 kleine Handvoll Sauerampfer, 1 Handvoll Kerbel und 1 großen Kopfsalat waschen, klein hacken und in eine Kasserolle geben. 1 Esslöffel Butter, 1 Teelöffel grobes Salz und 1 Prise Pfeffer hinzufügen. Das Ganze 5 Minuten anschwitzen, mit 1,5 Liter heißem Wasser auffüllen und 15 Minuten köcheln lassen.
5 Esslöffel Reis waschen und zur Suppe geben, gut umrühren und erneut 30 Minuten köcheln lassen. Alles mit dem Schneebesen gut durchrühren, in die Suppenterrine geben und mit 1 oder 2 Esslöffeln Butter verfeinern.

Eiergerichte

Œufs brouillés
Rühreier

Ein Rezept für 4 Personen, das viel Geschick erfordert.

Ein Wasserbad erhitzen. 8 Eier in eine Schüssel geben, dabei den Hahnentritt vorsichtig entfernen. Eier salzen und mit einer Gabel verrühren, ohne dass sie schaumig werden, anschließend in eine Kasserolle geben. Die Kasserolle in das kochende Wasserbad stellen und die Masse ständig in alle Richtungen verrühren. Pfeffern. 2 Esslöffel kalte Butter in kleine Stücke schneiden und unter die Eier ziehen, sobald diese zu stocken beginnen. Bevor die Rühreier zu fest werden, aus dem Wasserbad nehmen und sofort mit gerösteten Weißbrotwürfeln servieren.
Bevor die Rühreier fest werden, kann man sie mit gehacktem Schnittlauch, kleinen Trüffelstückchen oder mit in Butter gebratenen Pfifferlingen verfeinern.

Omelette mousseuse
Schaumpfannkuchen

3 Esslöffel Mehl mit etwas Milch vermengen, die Masse sollte nicht zu dickflüssig sein. 3 Eigelbe einrühren, salzen, pfeffern und mit dem Schneebesen kräftig verschlagen. Die 3 Eiweiße sehr steif schlagen und unter die Masse heben. 2 Esslöffel Öl in einer Pfanne erhitzen. Sobald es heiß ist, die Masse hineingleiten lassen, zudecken und 1 bis 2 Minuten stocken lassen. Den Deckel abnehmen und noch 1 Minute stocken lassen.

Œufs renversés à la tomate
Eierpudding mit Tomatensauce

Für 8 Personen: 1 l Milch, 8 Eier, 100 g geriebener Gruyère, Salz, Pfeffer.

Für die Tomatensauce: 12 Tomaten, 1 kleine Scheibe gekochten Schinken (nach Belieben), 1 EL Butter, Thymian, 1 Lorbeerblatt, Pfeffer, Salz.
Die Milch leicht salzen, aufkochen lassen, vom Feuer nehmen und warm stellen.
Die Eier wie für ein Omelette verrühren. Anschließend unter weiterem Rühren 1 Esslöffel heiße Milch einarbeiten, dann einen zweiten, dritten Esslöffel usw. Sobald die Eimasse warm ist, den Rest der Milch und den Käse hinzugeben und gut vermengen.
Eine rechteckige feuerfeste Form buttern, die Eimasse hineingießen und im Wasserbad im Ofen 30 Minuten stocken lassen. Mit einer Messerspitze prüfen: Sie muss trocken bleiben, wenn man sie aus der Masse herauszieht. 5 Minuten ruhen lassen, auf eine heiße Anrichteplatte stürzen. Mit der Tomatensauce überziehen.
Während die Eier stocken, die Tomatensauce zubereiten: Die Tomaten vierteln, leicht auspressen und die Kerne entfernen. Mit etwas Thymian und dem Lorbeerblatt in einer Kasserolle erhitzen, salzen, pfeffern und den in dünne Streifen geschnittenen Schinken hinzufügen. Sobald die Tomaten ihr Wasser ausgeschwitzt haben, die Temperatur reduzieren und die Masse etwa 20 Minuten sanft köcheln lassen. Nach Erreichen der richtigen Konsistenz durch ein Sieb passieren und im Wasserbad warm stellen. Kurz vor dem Servieren mit einem Stück Butter verfeinern.

< Rühreier mit Trüffeln, ein traditionelles Weihnachtsessen.

Œufs pochés à la lyonnaise
Pochierte Eier »Lyonnaise«

Zutaten: 8 Eier, 12 kleine weiße Zwiebeln, 1 EL Butter, 2 EL Mehl, 1 Glas entfettete Bouillon, 1 Glas Milch, 2 EL geriebener Gruyère, 1 Madeiraglas Essig.

Den Essig in eine mit kochendem Wasser gefüllte Kasserolle geben und darin die Eier pochieren. Auf einem Tuch abtropfen lassen. Die Zwiebeln fein hacken, mit kochendem Wasser blanchieren, abtropfen lassen. Die Butter zerlassen und die Zwiebeln darin anschwitzen, sie sollten nur wenig Farbe annehmen. Anschließend mit dem Mehl bestäuben und mit der Milch sowie der Bouillon eine helle Mehlschwitze herstellen. Gut verrühren, bis die Sauce eindickt. Abschmecken. Eine gefettete feuerfeste Form mit der Hälfte der Sauce füllen, die Eier hineingeben und mit der restlichen Sauce bedecken. Mit dem geriebenen Käse bestreuen und im Ofen bei starker Hitze kurz gratinieren.

Œufs berrichons
Gefüllte harte Eier

Die Eier hart kochen, der Länge nach halbieren, die Eigelbe auslösen. 2 oder 3 Stängel Petersilie, 1 kleine Zwiebel und 1 Knoblauchzehe hacken, salzen, pfeffern und alles mit 3 Esslöffeln Crème fraîche und dem Eigelb gut vermischen. Die Eiweißhälften mit dieser Mischung füllen, in eine leicht geölte feuerfeste Form geben und die Oberfläche bei milder Hitze leicht bräunen.

Œufs Orsini
Eier »Orsini«

Ein leicht zuzubereitendes Rezept.

6 Eier trennen, die Eiweiße in eine Schüssel geben, die Eigelbe jeweils in den Eierschalen belassen. Möglichst den Hahnentritt entfernen (das Eigelb darf auf keinen Fall auslaufen). Die Eierschalen mit Hilfe eines Tuches aufrecht fixieren. Die Eiweiße salzen und so steif schlagen, dass man einen Teelöffel darauflegen kann, ohne dass dieser einsinkt.
Eine feuerfeste Form buttern und den Eiweißblock auf einmal hineingeben. Anschließend mit einem Holzlöffel glatt streichen, 6 Vertiefungen in den Eischnee drücken, die nicht zu dicht beieinander liegen dürfen. Die Eigelbe in die Vertiefungen gleiten lassen und pfeffern. Die Oberfläche mit 2 Löffeln geriebenem Käse bestreuen und mit kleinen Butterflöckchen belegen. Die Form auf den Boden des nicht zu heißen Ofens stellen (keine Oberhitze!). Nach 30 Minuten sind die Eigelbe fest geworden. Sofort servieren.

> Pilze werden im Hause Monet sehr geschätzt und häufig zu Rühreiern serviert.

Saucen

Sauce béarnaise
Sauce béarnaise

2 Schalotten, 3 Eigelbe, 100 g Butter, 1 Kräuterstrauß (Thymian, Lorbeerblatt und Petersilie), ½ Glas Weißweinessig, 1 Zweig Estragon, 1 Zweig Kerbel.

Die Butter zerlassen, etwas abkühlen lassen. Die Schalotten fein hacken, mit dem Essig und dem Kräutersträußchen köcheln lassen, bis der Essig völlig verkocht ist. Den Topf vom Herd nehmen. Sobald die Masse lauwarm ist, den Kräuterstrauß entfernen und unter ständigem Rühren die Eigelbe einarbeiten. Die Butter unterschlagen. Salzen und pfeffern. Zum Schluss den Estragon und den Kerbel fein hacken und unterziehen.

Sauce raifort, dite Radimsky
Meerrettichsauce

Meerrettich fein reiben (einen kleinen Teller voll). 5 Eier hart kochen. Die Eier trennen, die Eigelbe zerdrücken und mit dem Meerrettich zu einer Paste verrühren. Die Eiweiße sehr fein hacken und mit der Meerrettichpaste vermengen.
3 kleine Zwiebeln und 1 Handvoll Kräuter (Schnittlauch, Petersilie, Kerbel) fein hacken, unter den Meerrettich ziehen, einige Kapern dazugeben. Salzen und pfeffern, mit etwas Fleischbrühe und 1 Teelöffel Essig vermengen und mit Öl binden.

Sauce à la hollandaise
Sauce hollandaise

125 Gramm kalte Butter in kleine Stücke schneiden, bei schwacher Hitze nach und nach mit 2 Eigelben, Salz und 1 Teelöffel Essig vermengen. Ständig rühren, bis die Butter ganz geschmolzen ist. Die Sauce sollte eine breiförmige Konsistenz haben. Notfalls im Wasserbad arbeiten. Der Essig kann auch durch den Saft von ½ Zitrone ersetzt werden. Wünscht man eine sämigere Sauce, kurz vor dem Servieren 5 Esslöffel Sahne unterziehen.

Sauce tartare
Tatarsauce

Zutaten: 3 Eier, 3 Schalotten, 2 Stängel Petersilie oder Kerbel, 6 Stängel Schnittlauch oder 2 Zweige Estragon, 2 EL Dijon-Senf, 4 EL gutes Erdnussöl, 1 TL Weißweinessig, Kapern.

Die Eier hart kochen, die Eigelbe zerdrücken und mit dem Senf verrühren, den Essig und die fein gehackten Kräuter unterziehen. Wie bei einer Mayonnaise das Erdnussöl tropfenweise einarbeiten, salzen, pfeffern.
Diese Sauce passt zu allen Fischgerichten, vor allem zu gegrilltem Aal sowie zu kaltem Fleisch und Geflügel.

Sauce mayonnaise
Mayonnaise

1 Eigelb, Pfeffer, Salz und einige Tropfen Essig in eine Schüssel geben, mit einem Silberlöffel verrühren und unter ständigem Rühren tropfenweise Öl einarbeiten. Sobald die Sauce die gewünschte Konsistenz erreicht hat, abschmecken und gegebenenfalls noch etwas Essig oder gehackten Kerbel oder Schnittlauch hinzufügen. Wird der Essig durch Zitronensaft ersetzt, bekommt die Sauce einen feineren Geschmack.
Damit die Sauce sich leichter bindet, alle Zutaten 2 Stunden vor der Verarbeitung aus dem Kühlschrank nehmen, so dass sie Zimmertemperatur haben. Am wichtigsten aber ist es, sorgfältig zu rühren und sich Zeit zu lassen. Diese Sauce passt zu kaltem Geflügel und kaltem Fleisch.

Sauce à la tomate
Tomatensauce aus Tomatenmark

Zutaten: 1 EL Butter, 2 EL Mehl, ½ l Milch, 2 EL Tomatenmark.

Butter und Mehl in eine Kasserolle geben und bei schwacher Hitze zu einem glatten Teig verarbeiten. Vom Feuer nehmen und nach und nach die kochend heiße Milch unterrühren. Abschmecken. Unter ständigem Rühren bei schwacher Hitze nochmals aufkochen lassen. Das Tomatenmark hinzufügen, umrühren und die Sauce sehr heiß servieren.

Sauce tomate
Tomatensauce aus frischen Tomaten

Reife Tomaten vierteln, leicht auspressen, die Kerne entfernen und den Rest mit etwas Thymian und 1 Lorbeerblatt in eine Kasserolle geben. Salzen, pfeffern und bei milder Hitze köcheln lassen, bis ein Püree entsteht. Durch ein Sieb streichen und im Wasserbad warmhalten. Kurz vor dem Servieren mit Butter und etwas magerem gekochten Schinken (nach Belieben) verfeinern.

Sauce au beurre blanc
Aufgeschlagene Buttersauce

5 bis 6 Schalotten fein hacken und in einem Topf mit etwa 100 Milliliter trockenem Weißwein bedecken. Sanft köcheln lassen, bis das Gemisch eindickt. Anschließend 250 Gramm kalte Butter portionsweise einarbeiten. Die Sauce darf nicht mehr kochen. Salzen und pfeffern.
Sehr heiß zu Fisch, vor allem zu gekochtem Hecht, reichen.

>> Zwiebeln und Schalotten werden für die aufgeschlagene Buttersauce gehackt, die zu dem sonntäglichen Hecht gereicht wird (Rezept Seite 156).

Vorspeisen

Tomates farcies
Gefüllte Tomaten

Reife Tomaten auswählen, das obere Viertel abschneiden, den Rest aushöhlen. Das Fruchtfleisch in eine Kasserolle geben und bei starker Hitze zum Kochen bringen, einige Male Blasen werfen lassen und anschließend durch ein Sieb streichen. Das Püree mit einem Kräuterstrauß in die Kasserolle zurückgeben, salzen und pfeffern. Einkochen lassen. Den Kräuterstrauß entfernen. Altbackenes Weißbrot in Fleischbrühe einweichen.
Fetten Speck, Petersilie, Knoblauch und Schalotten hacken, miteinander vermengen und in heißem Öl anschwitzen. Sobald die Masse Farbe angenommen hat, das gut ausgedrückte Weißbrot sowie das Tomatenpüree unterziehen und mit Eigelb binden. Nach Belieben fein gehackte Champignons hinzufügen.
Die Tomaten mit der Farce füllen, mit etwas in Bouillon eingeweichten Bröseln bestreuen und in einer feuerfesten Form im Ofen garen. Kalt oder warm servieren.

Oignons blancs farcis (Charlotte Lysès)
Gefüllte weiße Zwiebeln

Die Zwiebeln blanchieren und aushöhlen. Aus Resten von Schweinebraten, Huhn oder Kalbsleber, Schnittlauch, Kräutern, geriebenem Gruyère und hart gekochtem Ei eine Farce zubereiten. Die Zwiebeln damit füllen. Mit geriebenem Käse bestreuen und im Ofen überbacken. Kalt oder warm servieren.

Carottes fermières
Karotten nach Landfrauenart

Dicke rote Karotten in Scheiben schneiden und in Salzwasser kochen. Kurz bevor sie gar sind, abgießen und die Kochflüssigkeit auffangen.
Eine helle Mehlschwitze herstellen, fein gehackten Kerbel, Petersilie und ein wenig Estragon unterziehen. Abschmecken. Mit etwas Kochflüssigkeit ablöschen, kurz aufkochen lassen und etwas Zitronensaft, Zucker sowie die Karotten hinzugeben. Während des Garens ein- oder zweimal mit etwas Kochflüssigkeit verdünnen. Den Deckel nicht ganz schließen, damit der Dampf entweichen kann.
Nach einer Stunde sind die Karotten glaciert. Als Beilage zu Schmorbraten reichen.

< Von Charlotte Lysès stammt ein von Monet übernommenes Rezept für gefüllte Zwiebeln.

Aubergines farcies
Gefüllte Auberginen

Die Auberginen der Länge nach halbieren, das Fruchtfleisch mit einem Messer mehrmals einschneiden, mit grobem Salz bestreuen und 1 Stunde Wasser ziehen lassen. Abtupfen, mit Mehl bestäuben und in heißem Olivenöl braten, bis die Auberginen gar, aber nicht verkocht sind. Das Fett abtropfen lassen, die Hälften aushöhlen, ohne das Fruchtfleisch zu beschädigen. Eine gute Handvoll Champignons, Petersilie, 1 bis 2 Schalotten und Knoblauch (nach Belieben) hacken, salzen, pfeffern und in Öl andünsten. Anschließend Tomatenpüree und das grob gehackte Fruchtfleisch hinzufügen, gut vermengen.
Die Auberginenhälften mit der Masse füllen, mit Semmelbröseln bestreuen und gratinieren. Mit einer nicht zu dickflüssigen Tomatensauce servieren.

Fonds d'artichauts farcis
Gefüllte Artischockenböden

Zutaten für 6 Artischockenböden: 250 g Zwiebeln, 4 bis 6 Schalotten, 1 ½ Gläser Bouillon, 1 EL Tomatenmark, 1 Knoblauchzehe, 250 g Champignons, Semmelbrösel, 2 gehäufte EL Butter, Speckstreifen, Öl.

Die Artischocken mit Speckstreifen umwickelt kochen, vorher die Blätter entfernen. Zwiebeln, Schalotten, Knoblauch und Champignons hacken, mit dem Tomatenmark vermischen, salzen und in einem Gemisch aus Butter und Öl anbraten. Mit der Bouillon auffüllen und einkochen lassen. Die Artischockenböden mit der Masse füllen, mit Semmelbröseln bestreuen und gratinieren.

Ma recette pour les Cèpes
Mein Steinpilz-Rezept

Die erdigen Stielenden der Pilze entfernen. Die Pilze säubern und die Haut abziehen. Dann die Stiele fein hacken und in eine feuerfeste Form geben. Die Köpfe darauflegen und mit reichlich Olivenöl übergießen. Den Herd schwach vorheizen. Die Pilze bei milder Hitze garen, bis das Öl sehr klar geworden ist, dann mit gehacktem Knoblauch und fein gewiegter Petersilie bestreuen, salzen und pfeffern. Während des Garens die Köpfe öfters mit dem Öl aus der Form übergießen. Das Gericht schmeckt aufgewärmt noch besser.

› *Ein Ausschnitt aus den »Carnets de cuisine«.*

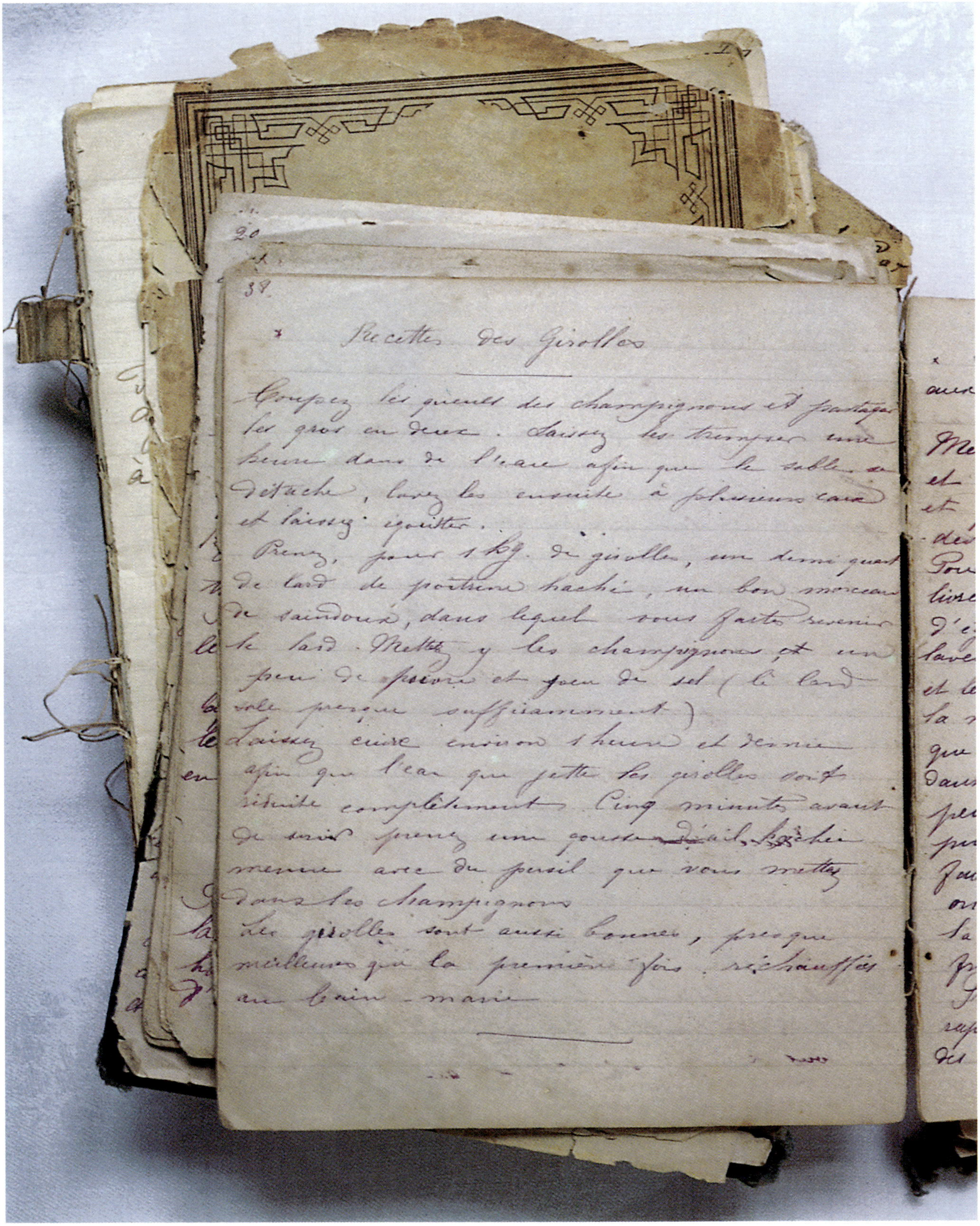
38

Recettes des Girolles

Coupez les queues des champignons et partagez les gros en deux. Laissez les tremper une heure dans de l'eau afin que le sable se détache, lavez les ensuite à plusieurs eaux et laissez égoutter.

Prenez, pour 1 kg. de girolles, un demi quart de lard de poitrine haché, un bon morceau de saindoux, dans lequel vous faites revenir le lard. Mettez y les champignons, et un peu de poivre et peu de sel (le lard sale presque suffisamment)

Laissez cuire environ 1 heure et demie afin que l'eau que jette les girolles soit réduite complètement. Cinq minutes avant de servir prenez une gousse d'ail, hachée menue avec du persil que vous mettez dans les champignons

Les girolles sont aussi bonnes, presque meilleures que la première fois, réchauffées au bain-marie

Truffes à la serviette
Serviettentrüffeln

Die Trüffeln sorgfältig waschen, gut abbürsten und leicht schälen.
Eine Kasserolle mit dünnen Speckscheiben auslegen, die Trüffeln hineingeben und mit gutem, trockenem Weißwein auffüllen. Die Trüffeln müssen gerade bedeckt sein. Zugedeckt 1 Stunde köcheln lassen. Die Trüffeln abtropfen lassen und in einer heißen Serviette auf vorgewärmten Tellern servieren, dazu Butter reichen.

Cèpes à la bordelaise
Steinpilze »Bordelaise«

Zutaten: 1 kg Steinpilze, 2 Knoblauchzehen, Öl, altbackenes Weißbrot.

Die Steinpilze gut säubern, jedoch nicht waschen. Die Köpfe von den Stielen trennen. Öl in einer Pfanne erhitzen. Sobald das Öl heiß ist, die Pilze dazugeben. Die Pilze müssen bedeckt sein. Pfeffern. Bei milder Hitze mindestens 1 Stunde schmoren lassen. Salzen. Unterdessen das altbackene Weißbrot zu feinen Bröseln zerreiben und durch ein Sieb streichen. Kurz vor dem Servieren die Steinpilze auf eine heiße Anrichteplatte geben und warm stellen. Nur so viel Öl in der Pfanne lassen, wie die Bröseln aufsaugen können. Stark erhitzen, die Bröseln dürfen aber nicht braun werden. Als Kranz um die Steinpilze herum anrichten und sofort servieren.

Purée de champignons
Champignon-Püree

Die Champignons gut waschen und abtrocknen, in dünne Scheiben schneiden. In einer Kasserolle Butter zerlassen, mit heißem Wasser auffüllen, etwas Zitronensaft hinzugeben und salzen. Sobald die ersten Blasen aufsteigen, die Champignons hineingeben. Sobald sie gar sind, abgießen, dabei etwas Kochflüssigkeit auffangen. Die Pilze zu einem Püree zerstampfen. Butter in einem Topf zerlassen, etwas Mehl darüberstäuben, gut vermengen, keine Farbe annehmen lassen. Mit etwas Milch ablöschen und gut durchrühren. Wenn die Masse teigartig ist, mit etwas Kochflüssigkeit verdünnen und vorsichtig erhitzen. Sobald es siedet, die Masse mit dem Champignon-Püree gut vermengen. Heiß servieren.

Recette de girolles (Mallarmé)
Pfifferlinge (Mallarmé)

Zutaten: 1 kg Pfifferlinge, 125 g Bauchspeck, 100 g Schweineschmalz, 1 Knoblauchzehe, Petersilie.

Die erdigen Stielenden der Pilze entfernen, die Pilze gut säubern, jedoch nicht waschen. Größere Pilze halbieren. Den Speck in kleine Würfel schneiden und im Schmalz auslassen. Dann die Pfifferlinge hinzugeben, pfeffern und leicht salzen. Etwa 1 ½ Stunden auf schwachem Feuer garen, bis das Pilzwasser vollständig verdunstet ist. 5 Minuten vor dem Servieren die gehackte Knoblauchzehe und die fein gewiegte Petersilie hinzugeben. Im Wasserbad wieder aufgewärmt, schmecken die Pilze mindestens genauso gut, wenn nicht noch besser!

Gratin de champignons

Champignon-Gratin

Zutaten: 200 g Champignons, 1 gehäufter EL Butter, 1 EL gehackte Schalotten, 1 gestrichener EL Mehl, 1 EL Cognac, Crème fraîche, Salz, Pfeffer.

Die erdigen Stiele der Champignons abschneiden und die Pilze gut säubern, jedoch nicht waschen.

Die Butter in einer mittelgroßen Kasserolle zerlassen. Die Schalotten sowie die geviertelten Champignons hinzugeben, zudecken und bei mäßiger Hitze 10 Minuten schmoren lassen.

Mit dem Cognac ablöschen und weitere 2 Minuten köcheln lassen. Unterdessen das Mehl mit der Crème fraîche verrühren und über die Champignons gießen. Unter ständigem Rühren weiterköcheln lassen, abschmecken. Sobald die Pilze gar sind, in eine feuerfeste Form geben und einige Minuten im sehr heißen Ofen gratinieren.

Aubergines aux tomates

Auberginen mit Tomaten

Zutaten: 12 Auberginen, 12 große Tomaten, 100 g Butter, 6 Schalotten, 1 bis 2 Knoblauchzehen, Kräuter, Semmelbrösel, Olivenöl.

Die Auberginen ungeschält in Scheiben schneiden und 1 Stunde in Wasser mit grobem Salz ziehen lassen. Die Tomaten schälen, aushöhlen, in Scheiben schneiden und mit den Schalotten, dem Knoblauch sowie fein gehackter Petersilie, Kerbel und Estragon in eine Kasserolle geben und kurz in Butter dünsten. Thymian und Gewürznelke in ein Stück Mull wickeln und mit in die Kasserolle geben.

Eine feuerfeste Form mit Öl einfetten und abwechselnd je eine Lage Auberginen und eine Lage Tomaten einschichten, mit Semmelbröseln bestreuen und bei milder Hitze 2 bis 3 Stunden gratinieren. Immer wieder einen Blick in den Ofen werfen.

Haricots rouges à l' étuvée
Gedünstete rote Bohnen

Zutaten für 6 Personen: etwas mehr als 2 Gläser getrocknete rote Bohnen, 1 große oder 2 kleine Zwiebeln, 1 dicke Scheibe Bauchspeck, die gleiche Menge geräucherten Schinken, 1 gehäufter EL Schweineschmalz, 6 Wiener Würstchen, 1 Glas Rotwein, Thymian, Lorbeer.

Die Bohnen mindestens 6 Stunden in Regenwasser einweichen. Im gleichen Wasser mit ½ Esslöffel grobem Salz, den Zwiebeln und 1 Kräutersträußchen aus Thymian und Lorbeer aufsetzen. Bei mäßiger Hitze zugedeckt mindestens 2 Stunden köcheln lassen; das Wasser sollte nie zu stark sprudeln, damit die Bohnen sich mit Wasser füllen, aber nicht aufplatzen. Sobald sie weich, aber noch nicht völlig gar sind, abgießen und die Kochflüssigkeit auffangen. Die Bohnen anschließend zudecken, damit sie nicht austrocknen. Beiseite stellen.
In einer hohen Pfanne das Schweineschmalz auslassen, den Speck, den Schinken und die Würstchen hineingeben und Farbe annehmen lassen. Die Bohnen, den Rotwein und etwa 4 Gläser Kochflüssigkeit dazugeben. Die Pfanne mit einem überstehenden Stück Papier abdecken und mit einem genau passenden Deckel verschließen, so dass der Dampf nicht entweichen kann. Bei milder Hitze kochen lassen. Von Zeit zu Zeit überprüfen, ob alles gar ist, aber nicht umrühren. Wenn das Gericht fertig ist, befindet sich nur noch wenig Sauce im Topf.

Haricots secs à la provencale
Getrocknete weiße Bohnen »Provencale«

Zutaten: 2 kg eingeweichte weiße Bohnen, 4 EL Olivenöl, 50 g Butter, 2 Zwiebeln, 1 gekochtes Gänsebein, Kräuterstrauß, Petersilie, Fleischbrühe, Muskat.

Die Bohnen mit etwas Fleischbrühe, dem Öl, der Butter, den in Ringe geschnittenen Zwiebeln, etwas gehackter Petersilie, dem Kräuterstrauß, dem Muskat und dem Gänsebein in eine Tonform geben.
Bei milder Hitze im Ofen mindestens 4 Stunden garen lassen. Die Bohnen müssen weich, gleichzeitig aber auch gut gebunden sein.
Auch andere Trockengemüse, wie z.B. Linsen, können auf diese Art zubereitet werden.

Paté de pommes de terre
Kartoffelpastete

Für 8 Personen einen Mürbeteig zubereiten und eine Terrine damit auskleiden. Etwa 6 mittelgroße Kartoffeln in dünne Scheiben schneiden und darüberschichten. Mit Zwiebelringen und gehackter Petersilie bestreuen, salzen und pfeffern. 3 gehäufte Esslöffel Crème fraîche dazugeben und das Ganze mit einer Schicht Mürbeteig bedecken.
Ein Stück Karton zu einem »Kamin« rollen und durch die Deckschicht stoßen, damit während des Garens der Dampf entweichen kann. 1 Ei verschlagen und die Oberfläche damit bestreichen. Bei mittlerer Hitze 2 Stunden garen.
Sollte die Pastete schon vor dieser Zeit braun werden, mit einem gebutterten Pergamentpapier abdecken.

Welsh Rarebit (recette anglaise)
Welsh Rarebit (englisches Rezept)

Zutaten für 10 Personen: 10 Scheiben nicht zu frisches Brot (1 cm dick), 200 g englischer Käse (Gloucester, Chester oder Cheddar), 4 EL helles Bier, 1 gehäufter TL Senf, Pfeffer, Butter.

Die Brotkrusten entfernen und die Scheiben zu regelmäßigen Rechtecken schneiden. Auf beiden Seiten leicht antoasten und warmhalten.
In einer Pfanne den in feine Scheiben geschnittenen Käse, das Bier, den Senf und eine kräftige Prise Pfeffer leicht erhitzen, dabei ständig rühren. Die Masse darf nicht kochen.
Das getoastete Brot mit Butter und mit 1 Esslöffel des geschmolzenen Käses bestreichen. Da das Gericht möglichst heiß serviert werden soll, muss man schnell arbeiten.

Galettes de fromage
Käse-Galettes

200 Gramm Quark und 1 Ei gut miteinander vermengen, nach und nach 100 Gramm Mehl einarbeiten. Sobald die Masse homogen ist, kleine runde Scheiben formen und in heißer Butter ausbacken.

Ramequins de fromage
Käsetörtchen

Für 6 Personen etwa 300 Gramm Quark in eine Schüssel geben und mit 2 Esslöffeln Mehl und 2 Eiern vermengen. Salzen, pfeffern und in mit geriebenem Käse bestreute kleine Förmchen (sogenannte Ramequins) geben. Die Förmchen nur zur Hälfte füllen. Auf die Oberfläche jeweils ein erbsengroßes Stück Butter geben. Etwa 20 Minuten im heißen Ofen backen.

Soufflé au fromage
Käse-Soufflé

Zutaten für 2 Personen: 1 gehäufter EL Butter, 2 EL Mehl, 250 ml Milch, 60 g geriebener Gruyère, 2 Eier, Salz, Pfeffer.

Die Butter bei milder Hitze zerlaufen lassen. Anschließend unter Rühren das Mehl einarbeiten, bis die Butter vollständig aufgesogen ist. Nach und nach die Milch unterrühren, bis ein sämiger Brei entsteht. Die Kasserolle vom Feuer nehmen und nach und nach die Eigelbe gut mit der Einbrenne verbinden. Dann den geriebenen Käse unterziehen. Salzen und pfeffern.
Eiweiße sehr steif schlagen und unterziehen. Eine gefettete Souffléform höchstens bis zur Hälfte mit der Masse füllen. In den gut vorgeheizten Ofen schieben und etwa 20 Minuten backen. Während der Garzeit den Ofen auf keinen Fall öffnen. Sofort servieren.

Geflügel

Poulet aux oignons
Huhn mit Zwiebeln

Zutaten: 1 großes Huhn, 16 bis 20 Zwiebeln (je nach Größe), 250 g Butter, Mehl, 2 Stängel Petersilie, Zucker, Salz, Pfeffer.

Die Butter in einer Kasserolle zerlassen und das Huhn darin anbraten. Einige Zwiebeln vierteln und das Huhn damit umlegen. Wenn das Huhn auf allen Seiten gut gebräunt ist, mit sehr wenig Mehl bestäuben, salzen, pfeffern und die Petersilie hinzugeben. Zudecken und garen. Von Zeit zu Zeit den Deckel anheben, damit der Dampf entweichen kann. Dabei darauf achten, dass die Zwiebeln nicht ansetzen.
Nach der Hälfte der Garzeit ½ Glas heiße Fleischbrühe oder heißes Wasser angießen. In einer anderen Kasserolle ein Dutzend kleiner Zwiebeln in Butter schmoren, mit etwas Zucker bestreuen, salzen und pfeffern. Das Huhn zusammen mit den Zwiebeln servieren.

Poulet frit
Backhendl (aus Resten)

Gutes Rezept zur Verwertung von Resten.

Aus 250 Gramm Mehl, 1 Ei, 1 Glas Wasser und 1 Prise Salz einen Teig herstellen. Unbedingt 2 Stunden ruhen lassen.
Das gekochte oder gebratene Geflügel in Stücke schneiden, in den Teig tauchen und in heißem Öl ausbacken. Zuerst das kleinste Stück probieren, um herauszufinden, ob das Öl die richtige Temperatur erreicht hat.

Poulet en gelée
Huhn in Aspik

Zutaten für das Aspik: 500 g Hesse, 500 g Kalbshaxe, 2 große Speckschwarten, 1 Kräuterstrauß, 2 Eier, 1 Glas Madeira.

Am Vorabend aus dem Fleisch und dem Kräuterstrauß eine Brühe zubereiten (nach Belieben einige Karotten- und Zwiebelscheiben hinzufügen). 6 Stunden köcheln lassen. Durchsieben und die Brühe auffangen. Abkühlen lassen und entfetten. Da das Kühlen viel Zeit in Anspruch nimmt, den Kochtopf an den kältesten Platz im Haus oder sogar ins Freie stellen.
Die Brühe mit dem zu festem Schnee geschlagenen Eiweiße und dem Madeira erhitzen. Sollte die Brühe nicht klar werden, den Vorgang wiederholen. Erneut abkühlen lassen.
Das Huhn im vorgeheizten Ofen mit Butter braten. Falls der eigene Saft nicht ausreichen und das Fleisch trocken werden sollte, von Zeit zu Zeit mit Brühe begießen. Nicht zu braun werden lassen. Sobald das Huhn gar ist, die Haut entfernen, Huhn entbeinen und in Stücke schneiden. In eine Terrine einschichten und dabei laufend mit Brühe begießen.
Die Terrine mit einem Mulltuch bedecken und im Keller aufbewahren. Kurz vor dem Servieren die Hühnerstücke aus der Terrine nehmen und auf der Servierplatte anrichten.

< Das Geflügel wird sorgfältig ausgewählt. Hier der Kapaun für Weihnachten (Rezept für gefüllten Kapaun Seite 134).

Poulet en cocotte
Geschmortes Huhn

Gewürfelten mageren Speck und in Scheiben geschnittene Zwiebeln in einer Kasserolle in heißer Butter anbraten. Sobald Speck und Zwiebeln eine gefällige Farbe aufweisen, herausnehmen und stattdessen das mit Küchenschnur umwickelte Huhn in den Topf legen. Das Huhn von allen Seiten kräftig anbraten. Zwiebeln und Speckwürfel wieder in die Kasserolle geben und das Ganze mit 1 Glas Weißwein ablöschen. Abschmecken. Hermetisch verschließen und bei sanfter Hitze, möglichst im Ofen, fertig garen. 20 Minuten vor dem Ende der Garzeit einige Champignons in den Topf geben und dabei gleichzeitig die Küchenschnur lösen.

Poulet au beurre d'écrevisse
Huhn mit Krebsbutter

Zutaten: 1 fleischiges Huhn, 250 g Butter, 500 g Krebskarkassen, -schwänze und -beine, ½ l Weißwein, Karotten, Zwiebeln und 1 Kräutersträußchen.

Die Butter mit 2 Esslöffeln heißem Wasser verrühren, bis man eine glatte, sämige Creme erhält. Die Krebsreste in einem Mörser fein zerstampfen. Das Krebspüree mit der Creme-Butter gut vermischen.

Aus dem Weißwein, ½ Liter Wasser, den Karotten, den Zwiebeln und dem Kräutersträußchen einen Sud bereiten. Salzen, pfeffern und zum Kochen bringen. Das Huhn in den kochenden Sud geben und etwa 1 Stunde sanft köcheln lassen.

Die Krebsbutter mit etwas Kochflüssigkeit verdünnen und mit etwas Stärkemehl binden. Das Huhn damit übergießen und sehr heiß servieren.

Poulet chasseur
Huhn auf Jägerart

Für 4 Personen rechnet man 1 Huhn (möglichst mit Körnern gefüttert).

Das Huhn zerteilen und die Stücke in einem Butter-Öl-Gemisch anbraten. Sobald das Fleisch eine schöne Farbe angenommen hat (ohne wirklich braun geworden zu sein), aus dem Fett nehmen und beiseite stellen. 250 Gramm geputzte und der Länge nach halbierte Champignons (Köpfe und Stiele) in einer Pfanne anbraten, gegebenenfalls 1 Esslöffel Öl nachgießen. Sind die Pilze gut angebraten, mit 1 großen Glas Weißwein ablöschen, kurz einkochen lassen. 3 Tomaten in Scheiben schneiden, entwässern und entkernen und zusammen mit etwas Tomatenmark zu den Pilzen geben. Hat man keine frischen Tomaten zur Hand, entsprechend mehr Tomatenmark verwenden. Abschmecken und mit 1 kleinen Estragonzweig würzen. Einkochen lassen, 1 Glas Fleischbrühe angießen und das Ganze gut 10 Minuten köcheln lassen. Die beiseite gestellten Hühnerstücke und den in der Zwischenzeit ausgetretenen Saft wieder in die Pfanne geben, sanft köcheln lassen. Die Hühnerstücke auf einer Servierplatte anrichten und warmhalten. Falls die Sauce zu dünn ist, eindicken, und das Huhn vor dem Servieren damit überziehen.

Poulet sauté gastronome
Huhn mit Artischocken und Trüffeln

Zutaten: 1 Huhn, 4 Artischocken, 1 kleine Trüffel und 2 Gläser Weißwein.

Die Artischocken kochen, bis sich die Blätter mühelos lösen lassen. Blätter und Heu entfernen, die Böden putzen, ohne sie zu beschädigen. In Würfel schneiden. Die Trüffel leicht schälen, abreiben und in feine Scheiben schneiden.
Das Huhn in einer Schmorpfanne mit etwas Butter und 1 Glas Weißwein anschmoren, salzen und pfeffern. Sobald es Farbe angenommen hat, in den Ofen schieben.
Wenn das Huhn gar ist, die Sauce mit 1 Glas Weißwein verlängern und die Artischockenwürfel sowie die Trüffelscheiben hinzugeben. Nach 10 Minuten sehr heiß servieren.

Poulet à la périgourdine
Huhn mit Schalotten

Das Huhn zerlegen und in einem Bräter in reichlich Butter anbraten. Sobald das Fleisch gut gebräunt ist, herausnehmen und stattdessen 3 gehackte und 4 ganze Schalotten in den Bräter geben und Farbe annehmen lassen. Die Hühnerstücke und den inzwischen ausgetretenen Fleischsaft wieder in den Bräter geben, salzen und pfeffern. Bei milder Hitze garen. Von Zeit zu Zeit wenden. Kocht die Flüssigkeit zu stark ein, mit etwas Weißwein ablöschen. Vor dem Servieren die ganzen Schalotten entfernen.

Poulet au cerfeuil
Huhn mit Kerbel

1 fleischiges Huhn zerlegen und in Fett anbraten, das Fett soll dabei leicht rauchen. Sobald das Fleisch gut gebräunt ist, ein Gewürzsäckchen (Petersilie, Nelke, Lorbeer, Thymian) hinzufügen und mit 1 großen Glas Weißwein ablöschen. Abschmecken und leicht einkochen lassen. Das Säckchen entfernen.
1 großes Stück Butter mit etwas Mehl und reichlich fein gehacktem Kerbel verrühren und zu kleinen Bällchen formen. Nach und nach die Sauce damit binden. Sehr heiß servieren.

Poulet à l'estragon
Huhn mit Estragon

Das Huhn ausnehmen, einige Zweige Estragon in die Bauchhöhle geben, zunähen, mit Speckstreifen umwickeln und in Form binden (bridieren).
Aus Zwiebeln, 1 Kräuterstrauß, 2 Karotten, grobem Salz, Pfefferkörnern und 1 bis 2 Zweigen Estragon einen Sud bereiten und zum Kochen bringen. Nach den ersten größeren Blasen das Huhn hineingeben und garen.
Eine Schöpfkelle Kochflüssigkeit mit etwas Stärkemehl binden, köcheln lassen, mit einem hölzernen Kochlöffel gut durchrühren. Weitere Flüssigkeit unterziehen, bis die gewünschte Konsistenz erreicht ist. In eine Sauciere umfüllen, mit einigen gehackten Estragonblättern bestreuen und zum Huhn reichen.

Poulet grillé
Gegrilltes Huhn

1 kleines Huhn (möglichst mit Körnern gefüttert) der Länge nach auf der Bauchseite aufschneiden, flachdrücken. Salzen, pfeffern und mit weicher Butter bestreichen. Im gut vorgeheizten Ofen 15 Minuten garen lassen. Das Huhn anschließend auf den Grill geben und von Zeit zu Zeit umdrehen, so dass es gleichmäßig gebräunt wird. Die Grillzeit beträgt 45 Minuten. Das Huhn vor dem Servieren mit zerlassener Butter übergießen, mit Petersilie oder Brunnenkresse garnieren und mit Zitronenscheiben umlegen.

Chapon farci
Gefüllter Kapaun

Rezept für 10 Personen.

1 fleischigen Kapaun (mindestens 3 Kilogramm schwer) rupfen und ausnehmen. 2 große Zwiebeln in Alufolie im Kamin garen. Aus den Zwiebeln, 1 Scheibe Schinken, der Leber und dem Magen des Kapauns, 1 Handvoll Wildpilzen sowie einigen Morcheln eine Farce herstellen: alles fein hacken, salzen, pfeffern, Crème fraîche unterziehen. Die Masse in 1 gehäuften Esslöffel Butter vorsichtig anschwitzen, abkühlen lassen, mit 2 Eigelbe binden und mit 1 Glas Madeira abschmecken. Ist die Farce zu flüssig, in Milch eingeweichtes und gut ausgedrücktes altbackenes Brot einarbeiten.
Den Kapaun mit der Farce füllen. In Form binden, den Faden dabei fest anziehen und mit zerlassener Butter bestreichen. Anschließend mit einigen Karotten, 1 Kräutersträußchen aus Petersilie und Thymian und dem abgetrennten Hals des Kapauns umlegen und in den Ofen schieben. Regelmäßig mit dem austretenden Saft übergießen. Bei milder Hitze 2 Stunden garen.

Coq au vin
Hahn in Rotwein

Zutaten für 4 Personen: 1 Hahn (ca. 2 kg), 1 gehäufter EL Butter, magerer Bauchspeck, 12 kleine Zwiebeln, 200 g Champignons, 2 große Gläser Burgunder, 1 kleines Glas Schnaps, 1 Kräuterstrauß, Mehl.

Den Hahn zerlegen. Den Speck würfeln und zusammen mit den Zwiebeln in der Butter anbraten. Aus dem Bräter nehmen und warm stellen. Die Fleischstücke anbraten, dabei mehrmals wenden. Nach Belieben 1 Knoblauchzehe hinzufügen. Dann den Kräuterstrauß und die Champignons hinzufügen. Große Pilze vorher halbieren. Zudecken und 15 Minuten schmoren lassen. Das überschüssige Fett abschöpfen. Den Schnaps darübergießen und flambieren. Den Burgunder hinzugeben. Zudecken und weitere 30 Minuten köcheln lassen. Mit einer Gabel prüfen, ob das Fleisch gar ist. Herausnehmen, über dem Bräter abtropfen lassen und warm stellen. Die Butter mit dem Mehl vermischen und damit die Sauce binden. Gut durchrühren. Sobald die Sauce glatt ist und andickt, die Fleischstücke wieder in den Bräter legen und erhitzen. Mit gerösteten Brotwürfeln servieren.
Coq au vin schmeckt genauso gut, wenn das Gericht im Wasserbad wieder aufgewärmt wird. In der Zwischenzeit im Keller aufbewahren.

› Ein Ausschnitt aus den »Carnets de cuisine«.

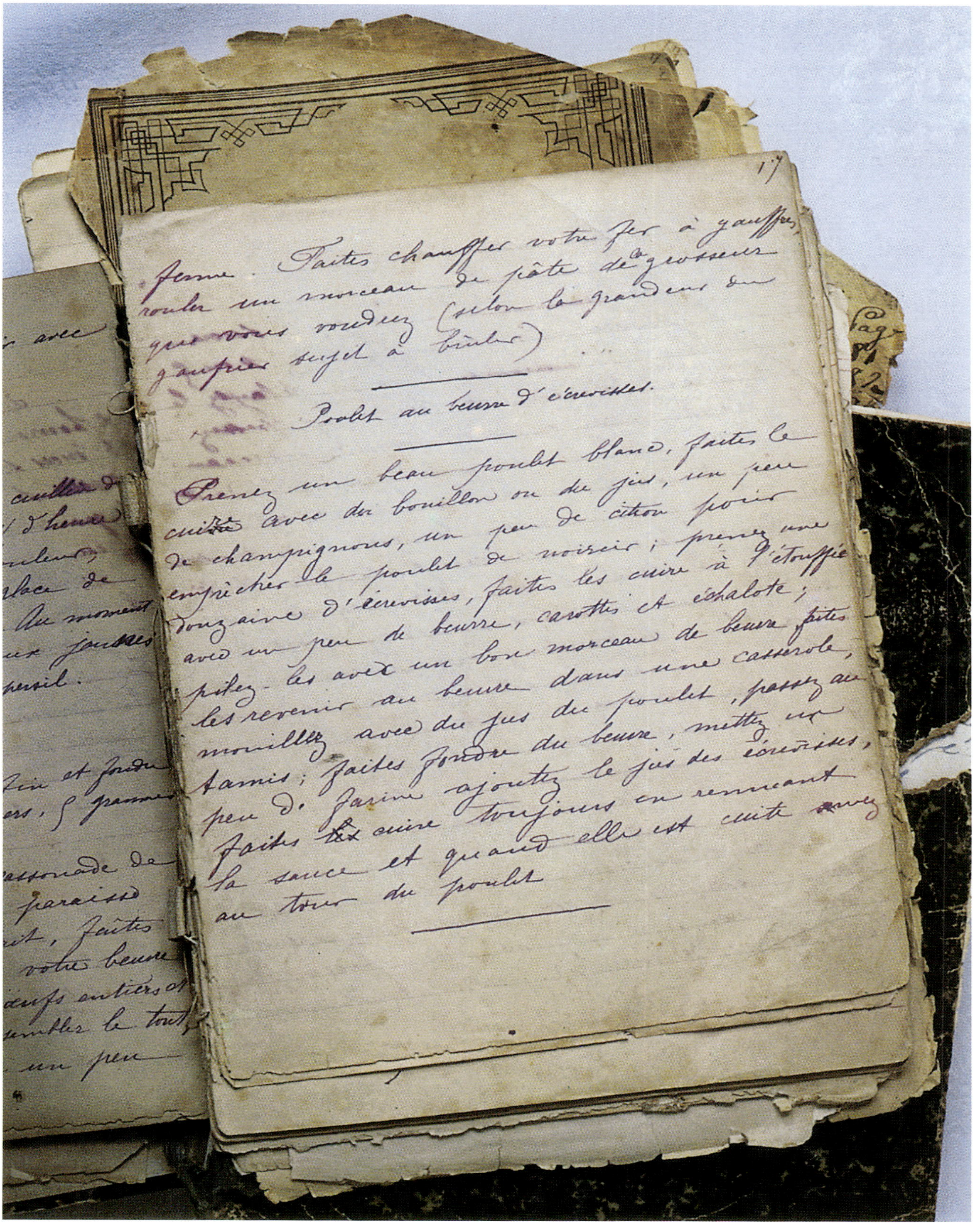
17
ferme. Faites chauffer votre fer à gauffre,
roulez un morceau de pâte de la grosseur
que vous voudrez (selon la grandeur du
gauffrier sujet à brûler)
Poulet au beurre d'écrevisses.
Prenez un beau poulet blanc, faites le
cuire avec du bouillon ou du jus, un peu
de champignons, un peu de citron pour
empêcher le poulet de noircir; prenez une
douzaine d'écrevisses, faites les cuire à l'étouffée
avec un peu de beurre, carottes et échalote;
pilez-les avec un bon morceau de beurre, faites
les revenir au beurre dans une casserole,
mouillez avec du jus du poulet, passez au
tamis; faites fondre du beurre, mettez un
peu de farine ajoutez le jus des écrevisses,
faites cuire toujours en remuant
la sauce et quand elle est cuite servez
au tour du poulet

Fleisch

Bœuf mode (Marthe Butler)

Rinderschmorbraten in Wein (Marthe Butler)

Gewürfelten Speck in reichlich Butter auslassen, 1 Kilo Rindfleisch ohne Knochen hineingeben und von allen Seiten gut anbraten. Mit 1 Glas Fleischbrühe und 1 Glas Weißwein ablöschen. 5 Karotten in Scheiben und 1 gewürfelte Zwiebel dazugeben. Die Flüssigkeitsmenge nach und nach erhöhen, bis insgesamt ½ Liter Wein und 2 Gläser Brühe eingearbeitet sind. 1 Stunde vor Ende der Garzeit ½ Glas Schnaps hinzufügen. Der Braten muss 7 Stunden bei milder Hitze garen. Völlig auskühlen lassen, dann stürzen.

Bœuf berrichon

Marinierter Rinderschmorbraten

Das Rindfleisch spicken, in eine Terrine geben und mit 2 Esslöffeln Essig sowie 1 Esslöffel Weißwein begießen. 2 Schalotten mit jeweils 2 Gewürznelken spicken und zusammen mit 1 Knoblauchzehe hinzugeben. Salzen und pfeffern. An einem kühlen Ort 2 Tage ziehen lassen, das Fleisch dabei zweimal täglich umdrehen. Nicht vergessen, die Terrine mit einem Tuch abzudecken. 1 gehäuften Teelöffel Butter zerlassen und das Fleisch darin von allen Seiten anbraten. Sobald es eine schöne Farbe angenommen hat, mit etwas Fleischbrühe oder Wasser und 1 Esslöffel der gefilterten Marinade ablöschen. Bei sehr schwacher Hitze 6 Stunden garen. Von Zeit zu Zeit etwas Marinade hinzufügen. Den Geschmack der Sauce öfters überprüfen und gegebenenfalls weitere Marinade dazugeben. Man kann auch Fleischbrühe oder Wasser verwenden. 1 Stunde vor Ende der Garzeit kann man Karotten in den Schmortopf geben.

Pâté de bœuf

Rindfleischpastete

250 Gramm gekochtes Rindfleisch, 1 Zwiebel, 1 Knoblauchzehe, 5 Tomaten, 1 Bund Petersilie, 1 Handvoll Estragon und etwas fetten Speck hacken. Mit Muskat, Salz und Pfeffer abschmecken. In reichlich Butter anbraten, öfters wenden. Die Masse soll weich und homogen sein. In eine Schüssel geben und abkühlen lassen.
Aus 250 Gramm Mehl, 1 gehäuften Esslöffel Schweineschmalz, 1 gehäuften Esslöffel Butter, 10 Gramm feinem Salz und 1 Glas Wasser einen Teig kneten. Eine Kugel formen, ausrollen. Den Vorgang dreimal wiederholen. Eine feuerfeste Form buttern, mit Teig auslegen, das Rindfleisch hineingeben und mit Teig abdecken. Mit Eigelb bestreichen. 1 Stück Karton zu einem »Kamin« rollen und so durch die Deckschicht stoßen, dass der entstehende Dampf aus der Pastete entweichen kann. 1 Stunde garen.

< Rinderschmorbraten in Wein (nach einem Rezept von Marthe Butler), am Sonntag auf dem blauen Geschirr der Manufaktur von Creil serviert.
>> Am Vorabend wird bei Florimond das frische Gemüse bestellt.

Côte de bœuf aux olives
Ochsenrippe mit Oliven

1 Ochsenrippe (etwa 1 Kilo schwer) in einem Butter-Öl-Gemisch auf beiden Seiten kräftig anbraten, 12 kleine Zwiebeln und gewürfelten Speck hinzufügen, mit 1 großen Glas heißem Wasser ablöschen. 1 Kräuterstrauß und 2 Knoblauchzehen dazugeben, salzen und pfeffern. Hermetisch verschließen. Auf dem Herd zum Kochen bringen, dann in den Ofen schieben und bei mittlerer Hitze 2 Stunden garen. 250 Gramm entsteinte und gewässerte grüne Oliven hinzufügen. 1 weitere Stunde garen. Das Fleisch herausnehmen und warmhalten. Mehl und Butter zu kleinen Kugeln formen und die Sauce damit binden. Fleisch auf einer tiefen Anrichteplatte zusammen mit der Sauce servieren.
Mit den Oliven können auch Champignons zu dem Fleisch gegeben werden.

Entrecôte marchand de vin
Zwischenrippenstück auf Weinhändlerart

Eine helle Mehlschwitze zubereiten, die mit 2 Esslöffeln Fleischbrühe verlängert wird. 4 Esslöffel Rotwein mit gehackten Schalotten einkochen. Abschmecken. Durch ein Sieb streichen. Gut mit der Mehlschwitze verrühren. Die Sauce beiseite stellen und warmhalten. Das Zwischenrippenstück grillen und mit der Sauce überziehen. Das Gericht kann auch mit Weißwein zubereitet werden.

Entrecôte bordelaise
Zwischenrippenstück »Bordelaise«

4 gehackte Schalotten mit Petersilie und etwas pochiertem Rindermark in Butter garen. Das Zwischenrippenstück grillen. Umdrehen und die gegrillte Seite mit der dickflüssigen Sauce bestreichen – mit einem in kochendes Wasser getauchten Messer. Fertig grillen und sofort servieren.

Entrecôte à la briarde
Zwischenrippenstück in Senf

Das Zwischenrippenstück auf beiden Seiten dick mit Senf bestreichen, 2 Stunden ziehen lassen, in Butter braten. Verwenden Sie Moutarde de Meaux aus geschroteten Senfkörnern.

Queue de bœuf en hochepot
Ochsenschwanzragout

Zutaten für 10 Personen: 1 Ochsenschwanz, 4 Speckschwarten, 2 Schweinsfüße, das Innere eines Kohlkopfes, 10 kleine weiße Zwiebeln, 250 g weiße Rübchen (Teltower Rübchen), 250 g Karotten, 1 Kräuterstrauß, 2 Knoblauchzehen, 20 Chipolata (scharf gewürzte Würstchen), ½ l trockener Weißwein, Fleisch.

Die Gemüse grob würfeln, 1 Zwiebel mit 1 Gewürznelke spicken. Den Ochsenschwanz in portionsgerechte Stücke schneiden, die beiden Schweinsfüße halbieren. Einen Schmortopf mit den Speckschwarten auslegen, das Fleisch, die Gemüse, die restlichen Zwiebeln, den Kräuterstrauß, den Knoblauch und 1 gehäuften Teelöffel grobes Salz hineingeben. Anschließend mit dem Weißwein begießen, zudecken und bei mittelstarker Hitze so lange einkochen, bis sich keine

(Fortsetzung folgende Seite)

Flüssigkeit mehr im Topf befindet. Das Ganze in einen zweiten Schmortopf umfüllen, den Kräuterstrauß und die Schwarten entfernen, beiseite stellen. Etwas Fleischbrühe in den ersten Schmortopf geben, rasch erhitzen und mit einem Holzlöffel alles, was sich am Boden des Bräters angesetzt hat, gut lösen. Kurz aufkochen lassen und in den zweiten Schmortopf geben. Den Schmortopf hermetisch verschließen (notfalls den Deckel mit in Wasser aufgelöstem Mehl »ankleben«), in den Ofen schieben und mindestens 2 Stunden garen.
¼ Stunde vor dem Servieren die Chipolatas grillen. Je nach Belieben 30 Minuten vor Ende der Garzeit 1 bis 2 Kartoffeln pro Person in den Bräter geben.

Queue de bœuf en hochepot (Marguery)

Ochsenschwanzragout (Marguery)

Zutaten: 1 Ochsenschwanz, 4 Speckschwarten, Thymian, Lorbeer, 1 Glas Weißwein, 12 kleine glacierte Zwiebeln, 250 g Champignons, 6 Chipolata (scharf gewürzte Würstchen) und 1 kg helle Esskastanien.

Den portionsweise zerlegten Ochsenschwanz in den mit den Speckschwarten und den Geschmacksträgern ausgelegten Bräter geben. Bei starker Hitze im Ofen 15 Minuten anbraten. Mit etwas dunklem Fond und dem Weißwein ablöschen, die Temperatur reduzieren und so lange garen, bis sich das Fleisch leicht von den Knochen löst. Den Ochsenschwanz in eine große Kasserolle umfüllen und mit dem abgeseihten und entfetteten Bratensaft bedecken. Die Zwiebeln, die in Butter gebratenen Champignons, die Chipolatas und die Esskastanien hinzufügen, 15 Minuten köcheln lassen und heiß servieren.

Langue de bœuf au gratin

Gratinierte Rinderzunge

Am Vorabend die Rinderzunge kalt wässern. Am nächsten Tag mit kochendem Wasser überbrühen und knapp 30 Minuten kochen. Abgießen, das überschüssige Fett und den Zungenansatz abschneiden und die Haut abziehen. Zusammen mit Eintopfgemüse bei milder Hitze 3 Stunden kochen.
Die Zunge in dünne Scheiben schneiden. Eine feuerfeste Form buttern, die Scheiben einschichten, mit Weißwein übergießen, mit gehackten Cornichons, Schalotten und fein gehackter Petersilie bestreuen. Das Ganze mit einer Schicht Semmelbröseln bedecken und Butterflöckchen daraufsetzen. 30 Minuten bei milder Hitze gratinieren, dabei auf die Bräunung achten.

Langue de bœuf à la bourgeoise

Rinderzunge auf bürgerliche Art

Zutaten: 1 große Rinderzunge (2 kg), 1 Kalbsfuß, 4 Speckschwarten, 12 kleine Karotten, 12 kleine Zwiebeln, Brühe aus Rinder- und Kalbsknochen und eine dickere Tomatensauce.

Die Rinderzunge kalt wässern, anschließend blanchieren, enthäuten und 1 Stunde kochen. Die Zunge in Scheiben schneiden. In eine Kasserolle einschichten und zu ¾ mit Knochenbrühe bedecken. Den der Länge nach halbierten Kalbsfuß und die Speckschwarten hinzufügen, abschmecken. Etwa 1 Stunde lang kräftig kochen lassen, dann die Karotten und die Zwiebeln dazugeben und noch 1 weitere Stunde kochen.
Die Zunge und den Kalbsfuß aus der Kasserolle nehmen und warm stellen. Die Kochflüssigkeit entfetten und mit der Tomatensauce vermengen. Über das Fleisch gießen. Das Gemüse dazu servieren.

Ragout de mouton
Hammelragout

Eine dünne Scheibe mageren Speck würfeln und mit etwas Butter in einer Kasserolle auslassen. Die Speckwürfel entfernen. 12 kleine Zwiebeln und 20 weiße Rübchen andünsten, vorsichtig 1 Kilogramm gewürfelte Kartoffeln hinzufügen und das Ganze weiter andünsten. Das Gemüse wieder herausnehmen. In einer Schmorpfanne Butter zerlassen und mit etwas Öl vermischen. Sobald das Fett heiß ist, 500 Gramm Hammelkoteletts und 500 Gramm Hammelschulter darin anbraten. Warm stellen.
In der Kasserolle eine Einbrenne herstellen, die Speckwürfel und die Zwiebeln hinzufügen. Salzen, pfeffern. Das Fleisch in die Kasserolle geben und mit so viel heißem Wasser übergießen, dass alles bedeckt ist. 1 Knoblauchzehe und 1 Kräuterstrauß dazugeben und das Ganze gut 2 Stunden bei schwacher Hitze köcheln lassen.
Mit dem Fleisch kann man auch 2 große Tomaten (enthäutet, entkernt und geviertelt) in die Kasserolle geben.

Epaule de mouton farcie
Gefüllte Hammelschulter

Für die Farce: 1 Scheibe mageren Speck, Petersilie und 2 Knoblauchzehen hacken. Mit in Milch eingeweichtem und gut ausgedrücktem altbackenen Weißbrot vermengen.
Die entbeinte Hammelschulter auf die Arbeitsfläche legen, salzen, pfeffern und mit der Farce füllen. In ein Kalbsnetz rollen und in heißem Fett in einem Schmortopf anbraten. Ist das Fleisch gut gebräunt, mit 1 Kilogramm gehackten Zwiebeln, 2 Gläsern getrockneten Bohnen (zu ¾ vorgegart) und 4 in dicke Scheiben geschnittenen Kartoffeln umlegen. Salzen und pfeffern und mit soviel heißem Wasser auffüllen, dass das Gemüse gerade bedeckt ist. Auf dem Herd zum Kochen bringen und anschließend für 2 Stunden in den Ofen stellen.

Langue de mouton en papillotes
Hammelzunge en papillotes

4 große Hammelzungen einige Stunden in kaltem Wasser einweichen, anschließend zusammen mit Eintopfgemüse kochen. Die gekochten Zungen auskühlen lassen, der Länge nach halbieren. Anschließend mit einer kräftig abgeschmeckten Farce aus gehackten Kräutern, Schalotten, etwas Speck sowie eingeweichtem und gut ausgedrücktem altbackenen Brot bestreichen und in gefettetes Pergamentpapier wickeln. Bei milder Hitze im Ofen garen, Zitronenscheiben dazu reichen.

Yorkshire Pudding
(accompagnement de gigot)
Yorkshire Pudding
(Beilage zur Lammkeule)

125 Gramm Mehl in eine Schüssel sieben und in die Mitte eine Vertiefung drücken, 3 verquirlte Eier hineingeben und nach und nach mit dem Mehl vermischen. In Etappen ½ Liter kalte Milch einarbeiten. Salzen, mit geriebenem Muskat abschmecken. In eine gebutterte oder mit Bratenfett bestrichene Form füllen und im Ofen etwa 25 Minuten garen. Sobald der Pudding gut aufgegangen ist und anfängt braun zu werden, mit dem Saft der Lammkeule begießen.

Palette de Porc Sacha (Guitry)
Schweinebug Sacha (Guitry)

Den Schweinebug in kaltem Wasser mit Salz, Pfeffer und 1 Kräuterstrauß aufsetzen. Sobald das Wasser kocht, Kohl und Kartoffeln hinzugeben. 2 Stunden garen. Die Wurst zu dem Fleisch geben. Noch 30 Minuten garen. Servieren.

Cassoulet de Guitry (Lucien)
Bohneneintopf Guitry (Lucien)

Klein geschnittenes Hammelfleisch, Gänsebrust und zerstoßenes Schweinefett in einer Schmorpfanne anbraten, dann in eine Ton- oder Kupferkasserolle umfüllen.
Mit 1 Esslöffel Mehl bestäuben, umrühren, nicht braun werden lassen. Mit Fleischbrühe auffüllen, salzen und pfeffern. 1 Kräuterstrauß dazugeben, 1 gehackte Knoblauchzehe und dickflüssige Tomatensauce unterziehen.
In einem anderen Topf 1 Knoblauchwurst kochen. Sobald sie gar ist, in dickere Scheiben schneiden und mit der gewünschten Menge weißer Bohnen zum Fleisch geben. Köcheln lassen. Kurz vor dem Servieren mit Petersilie und Semmelbröseln bestreuen und im Ofen leicht gratinieren. Wenn möglich, in der Kasserolle servieren.

Escalopes Foyot
Schnitzel Foyot

Reichlich Zwiebeln hacken und in Butter dünsten. Sie sollten keine Farbe annehmen. Den Boden einer feuerfesten Form mit einer Schicht Zwiebeln bedecken und die Schnitzel darauflegen. Die restlichen Zwiebeln, altbackenes Weißbrot und geriebenen Käse darübergeben. Etwas Weißwein darübergießen, mit Butterflöckchen bestreuen, salzen, pfeffern und bei milder Hitze garen. Mit Zitronenscheiben servieren.

Rouelle de veau
Kalbsbraten

Eine Kalbsnuss spicken. Auf den Boden einer gebutterten feuerfesten Form einige gehackte Schalotten geben, die Kalbsnuss hinzufügen. Mit gehackten Schalotten, gehacktem Knoblauch (nach Belieben) und Semmelbröseln bestreuen, einige Butterflöckchen daraufsetzen. Mit wenig Fleischbrühe und viel Weißwein übergießen und in den heißen Ofen schieben. Während der Garzeit den Braten mehrmals umdrehen. Man kann die Sauce statt mit Semmelbröseln auch mit Stärkemehl binden. Das Gericht kann mit Champignons verfeinert werden, die man zusammen mit dem Fleisch in die feuerfeste Form gibt.

Escalopes de veau à la viennoise
Wiener Schnitzel

Die Kalbsschnitzel müssen dünn geschnitten sein, damit sie schnell gar werden. In einem tiefen Teller 1 Ei gut verrühren, salzen, pfeffern und einige Tropfen Öl unterziehen. Das Schnitzel darin wälzen und anschließend durch Paniermehl oder Semmelbrösel ziehen.
In einer gusseisernen Bratpfanne eine ausreichende Menge Butter und Öl mischen und erhitzen. Sobald das Fett leicht raucht, die Schnitzel hineingeben und von beiden Seiten kurz anbraten. Auf einer Anrichteplatte mit gehackten hart gekochten Eiern, gehackter Petersilie und geviertelten Zitronen anrichten. Das Fleisch mit ein wenig zerlassener Butter übergießen und heiß servieren.

Veau aux olives
Kalbsbraten mit Oliven

Das Kalbfleisch in heißem Öl anbraten. Zugedeckt bei mäßiger Hitze 30 Minuten schmoren lassen. 250 Gramm grüne Oliven entsteinen und 3 bis 4 Dutzend sehr kleine Zwiebeln schälen. Zu dem Fleisch geben. Nur wenig salzen. Pfeffern, wieder zudecken und weitere 30 Minuten schmoren lassen. Die Sauce mit 1 Glas heißer Brühe oder Wasser verlängern.

Foie de veau à la moissonneuse
Kalbsleber

Zutaten für 6 Personen: 750 g Kalbsleber,
125 g Bauchspeck, 4 große Zwiebeln,
½ Glas Olivenöl, 1 Glas Rotwein,
½ Glas Fleischbrühe, 1 gehäufter EL Butter,
2 Stängel Petersilie, 1 Knoblauchzehe, Mehl.

Den Speck grob hacken und in einer Schmorpfanne in dem Öl auslassen. Sobald er rundum braun ist, mit einer Schöpfkelle herausnehmen und beiseite stellen. Sobald das Fett leicht raucht, die in feine Scheiben geschnittenen Zwiebeln in die Pfanne geben, die Hitze reduzieren und langsam goldbraun werden lassen. Von Zeit zu Zeit umdrehen. Unterdessen die Leber in kleine Würfel schneiden und würzen. Die Zwiebeln aus der Schmorpfanne nehmen. Dafür die Leber hineingeben und bei starker Hitze braten. Anschließend herausnehmen und auf einem Teller aufbewahren. Mit einem Tuch abdecken.

(Fortsetzung folgende Seite)

Das Fett aus der Schmorpfanne abgießen, den Wein dazugeben und den Bratensatz lösen. Um ⅓ einkochen. Die Fleischbrühe hinzufügen, aufkochen lassen. Das Mehl und die Butter zu kleinen Kügelchen verarbeiten und die Sauce damit binden. Den Speck, die Zwiebeln, die gehackte Petersilie und den zerdrückten Knoblauch in die Sauce geben, zugedeckt 20 Minuten köcheln lassen. 5 Minuten vor dem Servieren die Leber in die Sauce geben, sehr heiß servieren.

Foie de veau en aspic
Kalbsleber in Aspik

Zutaten: 1 kg Kalbsleber, 1 Glas Madeira oder Portwein, 1 Kalbsfuß, 1 l Fleischbrühe, 1 Glas Weißwein.

Die Leber mindestens 2 Stunden im Wein marinieren. Die Fleischbrühe mit dem Kalbsfuß, dem Weißwein, der reduzierten Marinade, 1 Kräuterstrauß, 3 Gewürznelken und 1 Prise gemahlenem Schwarzkümmel in einer Kasserolle zum Kochen bringen.
Sobald die Flüssigkeit kocht, die Leber hineingeben, zudecken und im Ofen 30 Minuten garen. Abkühlen lassen, servieren.

Goulettes de veau
Kalbfleischklösschen

Aus in Öl glasig gegarten Zwiebeln und Fleischbrühe eine Sauce herstellen. Beiseite stellen. Kalbfleisch und Petersilie sehr fein hacken und mit 1 Ei und in Milch eingeweichtem, gut ausgedrücktem Weißbrot vermengen. Würzen, dabei Muskat nicht vergessen. Zu kleinen Klößchen formen. In Mehl wälzen und in der Sauce garen. Vor dem Servieren mit einigen Tropfen Zitronensaft abschmecken.

Côtelettes de veau à la milanaise
Kalbskotelett auf Mailänder Art

Die Koteletts wie Wiener Schnitzel panieren. In geklärter Butter anbraten und bei mäßiger Hitze garen. Mit etwas Butter und Fleischbrühe eine Tomatensauce herstellen. Champignons in Butter anbraten. Kurz bevor die Sauce fertig ist, sehr fein geschnittenen Schinken und die Champignons hinzufügen. Mit Makkaroni oder Spaghetti servieren, dabei darauf achten, dass Fleisch und Teigwaren gleichzeitig gar sind. Dazu passt geriebener Parmesan oder Gruyère.

Wild

Canard à la rouennaise
Blutente

Zutaten für 4 Personen: 1 junge Ente, 1 große Scheibe Speck, einige Schalotten, 1 gehäufter EL Butter, 4 bis 6 Zwiebeln (je nach Größe), 2 Gläser roten Bordeaux.

Die Ente durch Ersticken töten, damit sie ihr Blut nicht verliert. Ausnehmen, die Leber zusammen mit dem Speck und den Zwiebeln hacken, salzen, pfeffern und mit Schwarzkümmel abschmecken. Die Ente mit dieser Farce füllen. Einen Rest beiseite stellen. Die Ente mit einer Küchenschnur in Form binden. Im heißen Ofen knapp 30 Minuten garen. Bei einem mageren Tier reduziert sich die Garzeit etwaSeite Zerteilen, Flügel und Schenkel in eine Schmorpfanne geben, die Brust von den Knochen lösen.
Den Rest der Farce in eine gebutterte feuerfeste Form geben, gehackte Schalotten darüberstreuen und die Entenbrust darauflegen. Um alles Blut zu gewinnen, das Gerippe mit einer Spezialpresse kräftig auspressen. Das Blut mit dem Wein vermischen und über die Entenbrust gießen. In den nicht zu heißen Ofen schieben, bis die Sauce eindickt. Die Ente sollte nicht zu lange gegart werden. Gleichzeitig die Schenkel und Flügel in der Schmorpfanne fertiggaren.

Canard aux navets
Ente mit weißen Rübchen (Teltower Rübchen)

Eine Ente ausnehmen, Leber und Magen in kleine Stücke schneiden, salzen, pfeffern und die Ente damit füllen. 1 gehäuften Esslöffel Butter oder Entenschmalz in einer Kasserolle erhitzen. Sobald das Fett raucht, die Ente darin von allen Seiten goldbraun anbraten. Die Kasserolle zudecken und bei schwacher Hitze 1 Stunde garen. Anschließend mit 1 Kilogramm zarten weißen Rübchen umlegen. Größere Rübchen vorab halbieren oder vierteln. Salzen. Zum Kochen bringen, zudecken und bei milder Hitze noch 1 Stunde garen.

Pâté de canard
Entenpastete

Zutaten: 1 Ente, 750 g Kalbfleisch, 150 g magerer Speck, 150 g Mett (gewürztes Hackfleisch), 80 g altbackenes Weißbrot, breite Streifen aus weißem Speck, 1 Glas Weißwein, Pastetenteig, 3 EL Cognac.

Die Ente ausbeinen und das Fleisch in möglichst lange Streifen schneiden. Mit dem Kalbfleisch genauso verfahren. Beides in Weißwein und Cognac einlegen.
Das an den Knochen verbliebene Fleisch sorgfältig abschneiden und mit den restlichen Fleischabfällen klein hacken, mit dem geriebenen altbackenen Weißbrot und dem Mett gut verkneten.

(Fortsetzung folgende Seite)

< Jean-Pierre ist sicher der beste Jäger in der Familie. An Claude Monets Geburtstag gibt es traditionell eine Schnepfe (Rezepte Seite 148).

Den Boden und die Wände einer Pastetenform mit Pastetenteig auskleiden, abwechselnd eine Lage Gehacktes und eine Lage Enten- und Kalbfleischstreifen einschichten, bis alles aufgebraucht ist. Festdrücken und mit Speckstreifen belegen. Mit einer Teigschicht, die ein Loch aufweisen muss, damit der Dampf beim Garen entweichen kann, abschließen. Durch dieses Loch etwas flüssigen Aspik gießen. 3 Stunden im heißen Ofen garen. Kalt servieren.

Potine de lapin
Hase in Aspik

Den Hasen entbeinen, das Fleisch in Stücke schneiden. Den Boden einer feuerfesten Terrine mit Speckstreifen auslegen, das Hasenfleisch einschichten, Stück für Stück salzen und pfeffern, mit dünnen Speckstreifen belegen, 2 bis 3 in Ringe geschnittene Zwiebeln, 1 Lorbeerblatt, Thymian und 10 Wacholderbeeren hinzufügen. 1 kleines Glas Schnaps darübergießen, mit einem breiten Speckstreifen abschließen. Hermetisch verschlossen im Ofen etwa 2 Stunden garen. 15 Minuten vor Ende der Garzeit 2 Gläser Knochenbrühe (aus den Hasenknochen und Kalbsknochen) darübergießen. Während das Aspik noch flüssig ist, entfetten und alle Fleischstücke entfernen, die zu trocken geworden sind. Das Aspik wieder darübergießen, kaltstellen.
Falls der Terrinendeckel nicht hermetisch schließt, diesen während des Garens mit einem Mehl-Wasser-Gemisch »ankleben«.

Bécasse rôtie
Gebratene Schnepfe

Die Schnepfe nicht ausnehmen, nur auf Halshöhe ein Loch bohren und den Magen herausnehmen. Die Augen entfernen. Rupfen, absengen, mit sehr dünnen, breiten Speckstreifen umwickeln und in Form binden. Die Schnepfe 20 Minuten braten, das Fleisch soll innen rosa bleiben. Für eine junge Schnepfe die Hälfte der Zeit rechnen. Den austretenden Fleischsaft mit getoastetem Weißbrot auffangen. Die Schnur lösen, den Speck entfernen, salzen und mit dem Weißbrot servieren.

Bécasse à la casserole
Geschmorte Schnepfe

Die Schnepfe mehrere Tage an einem kühlen Ort an den Schwanzfedern aufhängen. Nicht ausnehmen. Sobald sie einen Hautgout angenommen hat, rupfen, die Haut dabei nicht verletzen.
Die Schnepfe in heißer Butter 15 Minuten scharf anbraten, 2 gehackte Schalotten, ½ Glas Weißwein und den Saft von 1 Zitrone zugeben, weitere 10 Minuten schmoren lassen.

Perdreaux aux choux
Rebhuhn mit Kohl

Zutaten: 2 Rebhühner, 1 großer Kohlkopf, 3 Karotten, 2 kleine Zwiebeln, 1 Kräuterstrauß, 125 g magerer Speck, 1 Zervelatwurst, Fleischbrühe, Schweineschmalz, Butter, breite Speckstreifen.

Die Rebhühner rupfen, absengen, ausnehmen und in Form binden. Den Kohl einige Minuten in kochendem Wasser blanchieren. Die Rebhühner auf allen Seiten kräftig im heißen Schmalz anbraten.
Eine Kasserolle mit den Speckstreifen auslegen, die Hälfte der abgetropften und zwischen 2 Küchentüchern getrockneten Kohlblätter einschichten, die beiden Rebhühner mit den in Scheiben geschnittenen Karotten und den gehackten Zwiebeln hinzugeben, salzen und pfeffern. Mit den restlichen Kohlblättern, dem gewürfelten Speck und Zervelatwurstscheiben bedecken. Mit der Fleischbrühe übergießen. Etwas Butter oder Schmalzflöckchen auf die obersten Kohlblätter geben. Den Deckel mit einem Mehl-Wasser-Gemisch hermetisch verschließen und das Ganze bei mittlerer Hitze 2 Stunden garen. Bei älteren Rebhühnern verlängert sich die Garzeit. Ist die Sauce nach dem Garen zu hell, alle Zutaten herausnehmen und warm stellen, die Sauce einkochen und in einer Sauciere zu dem Gericht servieren.

Chevreuil aux fruits d'églantines
Rehbraten mit Hagebuttenmark

Zutaten: 3 kg Rehbraten am Stück, 250 g Hagebutten, ½ l Weißwein, 250 g Mandeln, Zitrone, Essig.

Das Fleisch in einem Gemisch aus zwei Teilen Wasser und einem Teil Essig ziehen lassen, abtrocknen und mit grobem Salz und ganzen Pfefferkörnern einreiben. Schmoren, bis es weich ist, die Schmorzeit hängt vom Alter des Tieres ab.
Für die Sauce die Hagebutten waschen, abtrocknen und in einem Mörser zerstampfen. Die Masse abwiegen und mit der gleichen Menge Weißwein 30 Minuten kochen, etwas von dem Bratensaft unterziehen. Durch ein Sieb streichen. Mit dem Bratensaft und der Sauce eine Einbrenne herstellen. Die geriebenen Mandeln, 4 Gewürznelken, ½ fein gehackte Zitrone und 1 gestrichenen Esslöffel Zucker mit der Einbrenne verrühren, bis die Sauce gut gebunden ist.
Das Fleisch und die Sauce getrennt reichen. Nach Belieben die Sauce durch ein Sieb streichen.

Gigot de chevreuil mariné
Marinierte Rehkeule

Zutaten für die Marinade: 4 EL Öl, 2 EL guter Essig, 6 Karotten, 6 Zwiebeln, 4 Schalotten, etwas Staudensellerie, 1 Kräuterstrauß, 1 Flasche Weißwein.
Zutaten für die Keule: 200 bis 250 g magerer Speck.

Alle Zutaten für die Marinade miteinander vermischen. Die Sehnen und das Fett von der Rehkeule entfernen, das Fleisch mit Speckwürfeln spicken, salzen und pfeffern. In die Marinade einlegen. 1 bis 2 Tage marinieren, dabei öfters wenden. Vor dem Braten gut abtrocknen. Mit Öl einstreichen und in den heißen Ofen schieben. Nachdem die Keule gut gebräunt ist, mit etwas Marinade ablöschen, damit sie nicht anbrennt. Während des Schmorens öfters umdrehen. Gegen Ende die Temperatur reduzieren.
Den Bratensatz mit einigen Esslöffeln Marinade löschen, die Sauce zu dem Fleisch reichen.

Pigeons forestière
Täubchen auf Jägerart

Karotten in Scheiben schneiden, Zwiebeln, Champignons und Staudensellerie fein hacken. Die Täubchen in einem Schmortopf in Schweineschmalz anbraten. Sobald sie gut Farbe angenommen haben, herausnehmen und stattdessen das Gemüse hineingeben. Sobald das Gemüse glasig ist, die Täubchen wieder in den Topf geben und mit einem Teil des Gemüses bedecken. Mit Fleischbrühe und Cognac aufgießen. Mit einem Mehl-Wasser-Gemisch den Deckel des Topfes hermetisch schließen, in den Herd schieben und, je nach Alter der Täubchen, 1 bis 1 ½ Stunden garen. Im Schmortopf servieren.

Pigeons en compote
»Eingemachte« Täubchen

Zutaten für 4 Personen: 2 Täubchen, 100 g magerer Bauchspeck, 150 g sehr kleine Zwiebeln, 150 g Champignons, 2 große Gläser weißer Bordeaux, 1 gehäufter EL Butter, Fleischbrühe.

Die Täubchen putzen und in Form binden. In einem passenden Schmortopf den gewürfelten Speck (ohne Schwarte) in heißer Butter auslassen. Anschließend die Speckwürfel wieder herausnehmen und beiseite stellen. Die Zwiebeln hineingeben und Farbe annehmen lassen. Nicht umrühren, sondern den Schmortopf nur rütteln. Die Zwiebeln herausnehmen und durch die Champignons ersetzen. Sobald diese gut angebraten sind, aus dem Topf nehmen. Jetzt die Täubchen auf allen Seiten gut anbraten. Herausnehmen und beiseite stellen.
Im gleichen Topf eine Einbrenne herstellen, mit der Fleischbrühe und dem Wein ablöschen. Sobald die Flüssigkeit zu sieden beginnt, die Täubchen hineingeben und mit den Zwiebeln, dem Speck und den Champignons umlegen. Salzen. Den Topf hermetisch schließen. Bei niedriger Temperatur 2 Stunden im Ofen garen.

› Ein Ausschnitt aus den »Carnets de cuisine«.

39
Sanglier ou chevreuil à la sauce
aux fruits d'églantiers.
Mettre la viande dans deux tiers d'eau
et un tiers de vinaigre, poivre et sel,
et faire cuire jusqu'à ce que la viande
devienne tendre.
Pour faire la sauce mettre, pour trois
livres de viande un demi litre de fruits
d'églantier qu'on a d'abord nettoyés,
lavés et séchés; les piler dans un mortier
et les mettre ensuite dans un pot avec
la même quantité de vin blanc
que de fruits et faire cuire le tout pen-
dant une demi heure en y ajoutant un
peu du jus de la cuisson de la viande,
puis passer au tamis. Ensuite on
fait un petit roux, bien revenu, auquel
on mélange ½ du jus de la cuisson de
la viande et la sauce faite avec les
fruits.
Prendre un quart d'amandes douces
râpées, un zest d'un demi citron haché menu,
des clous de girofles et un morceau sucre

Fischgerichte

Moules au vert
Muscheln in Kräutersud

Die Muscheln gut reinigen und mit stets frischem Wasser mehrmals waschen. Grob gehackte Zwiebeln und Staudensellerie in einer Kasserolle in Butter anschwitzen, Pfefferkörner, Salz und die Muscheln dazugeben. Bei starker Hitze kochen, dabei mehrmals umrühren. Sobald die Muscheln gar sind, durch ein Sieb schütten, den Sud auffangen. Kerbel, ein wenig Sauerampfer, Petersilie und Estragon fein hacken, in Butter anschwitzen, mit der Kochflüssigkeit und Weißwein auffüllen. Die Sauce zum Kochen bringen, mit Stärkemehl binden und die Muscheln darin erhitzen.
Soll es feiner zugehen, die Muscheln nach dem Garen aus den Schalen lösen.

Anguille à la sauce tartare
Aal mit Tatarsauce

Den gesäuberten und enthäuteten Aal in Stücke schneiden und in einem Sud aus Wasser, Weißwein, Karotten, Zwiebeln, 1 Kräuterstrauß, grobem Salz und Pfefferkörnern garen.
Die Aalstücke mit Ei und Semmelbröseln panieren und bei milder Hitze backen oder braten.
Während der Fisch gart, die Tatarsauce zubereiten: Eier hart kochen, die Eigelbe durch ein Sieb streichen, mit Senf glatt rühren. Salzen, pfeffern. Wie bei einer Mayonnaise tropfenweise Öl einarbeiten. Sobald die Sauce die gewünschte Konsistenz erreicht hat, mit fein gehackter Petersilie, Estragon und Kerbel abschmecken und zum Schluss einige Kapern unterziehen.

Matelote d'anguille
Aalragout in Rotwein

Den Aal häuten und in Stücke schneiden. Zwiebeln hacken und in Butter anschwitzen. Die Aalstücke dazugeben, Farbe annehmen lassen, flambieren, mit Bordeaux oder Champagner ablöschen. 1 Kräuterstrauß sowie Pfefferkörner in einem Säckchen in den Weinsud geben, salzen. 30 Minuten leicht köcheln lassen. Der Wein soll keine großen Blasen werfen. Den Fisch herausnehmen und warm stellen. Etwas Mehl mit viel Butter zu kleinen Kügelchen formen, nach und nach in die Sauce einarbeiten, bis diese sämig wird. Die Aalstücke wieder in die Sauce geben und 10 Minuten ziehen lassen. Servieren.

Barbue à la Dugléré
Butt »Dugléré«

Zutaten für 6 Personen: 1 großer Butt, 500 g Tomaten, Zwiebeln, Schalotten, Petersilie, Thymian, Lorbeer, Weißwein, Butter, Fischsud.

Eine feuerfeste Form buttern. Anschließend gehackte Zwiebeln, gewürfelte, entkernte und ausgepresste Tomaten, gehackte Schalotten und 1 Kräuterstrauß aus Petersilie, etwas Thymian und etwas Lorbeer und schließlich den Fisch in die Form geben.

(Fortsetzung folgende Seite)

‹ Alice verarbeitet häufig Fische und Krustentiere, obwohl es mit der Belieferung immer wieder Schwierigkeiten gibt. Hier sind es Muscheln im Kräutersud.

Mit Weißwein und der gleichen Menge Fischsud auffüllen. Das Ganze schnell zum Kochen bringen, mit gebuttertem Pergamentpapier abdecken und in den vorgeheizten Ofen schieben. Nach 20 Minuten den Fisch herausnehmen und warm stellen. Die Sauce durch ein Sieb in eine Kasserolle gießen, falls notwendig andicken und mit Butter verfeinern. Über den Fisch gießen, einige Minuten in den Ofen zurückstellen und in der Form servieren.

Sole à la normande
Seezunge »Normande«

2 große Seezungen ausnehmen.

Aus 4 Esslöffeln Calvados, 2 Gläsern Wasser, 2 Gläsern Weißwein, 1 Stange Lauch (nur das Weiße), 1 großen Karotte, 1 großen Zwiebel, 1 Knoblauchzehe, 1 Kräuterstrauß, etwas grobem Salz und einigen Pfefferkörnern einen Sud herstellen. Das Ganze 30 Minuten kochen lassen, dann durch ein Sieb streichen.
2 Dutzend Austern im eigenen Saft pochieren. Die Kochflüssigkeit durchsieben und auffangen. Die Austern warmhalten.
3 Dutzend Krabben in dem Sud pochieren. Abgießen, die Kochflüssigkeit auffangen, die Krabben warmhalten. 1 Kilo Muscheln in etwas kochendem Weißwein öffnen und garen. Abgießen, die Kochflüssigkeit aufbewahren, die Muscheln warmhalten. Sämtliche aufgefangenen Kochflüssigkeiten zu dem Hauptsud geben.
Die Seezungen in eine gut gebutterte feuerfeste Form geben, den Sud angießen. Mit gebuttertem Pergamentpapier bedecken und 20 Minuten in den vorgeheizten Ofen schieben. Während dieser Zeit mit 1 großen Glas Fischsud eine Einbrenne herstellen, etwas abkühlen lassen, 2 Eigelbe und 2 gehäufte Esslöffel Crème fraîche bei milder Hitze mit dem Schneebesen gründlich einrühren. Nach und nach 1 gehäuften Esslöffel Butter und den Saft von ½ Zitrone unterziehen. Abschmecken. Weiter verrühren.
Die Seezungen mit den warmgehaltenen Austern, Muscheln und Krabben umlegen, mit der Sauce überziehen und mit in Madeira gekochten Trüffelstreifen dekorieren.

Filets de sole à la Véron
Seezungenfilet »Véron«

Zutaten: 1 Seezunge, 100 g Butter, 4 Eier, 2 Schalotten, Semmelbrösel, Fischsud, 1 EL Crème fraîche, 1 TL Kerbel, 1 TL Estragon, 1 Glas Weißwein, 1 Glas Essig, Tomatenmark, 1 Glas Öl, 1 gestrichener EL geschmolzene Fleischglace.

Die Filets auslösen, mit zerlassener Butter bepinseln, durch Mehl ziehen und bei milder Hitze braten. Anrichten und mit der Sauce Véron servieren.
Für die Sauce den Fischsud auf ¼ reduzieren, mit 2 Eigelbe, 1 gehäuften Esslöffel Butter und der Crème fraîche binden. Warmhalten.
Den Weißwein, den Essig, den Estragon, den Kerbel und die gehackten Schalotten in eine kleine Kasserolle geben, salzen und zur Hälfte einkochen. Abkühlen lassen. Durch ein Sieb streichen, wieder in die Kasserolle füllen und mit dem Öl, der Fleischglace und der vorbereiteten Sauce gut verrühren. Nach Belieben mit Cayennepfeffer abschmecken.

Filets de sole à la florentine
Seezungenfilets auf florentinische Art

Die Filets auslösen und in einem Fischsud pochieren. 1 Handvoll Spinatblätter blanchieren, abtropfen lassen und auspressen. In eine gebutterte feuerfeste Form geben, die Filets darauflegen, mit einer Béchamelsauce überziehen und mit geriebenem Gruyère bestreuen. Gratinieren und sehr heiß servieren, damit die Sauce nicht zusammenfällt.

Filets de sole à la Horly
Seezungenfilets »Horly«

Die Seezungen enthäuten, die Filets auslösen und in einer Mischung aus Öl, Zitronensaft, Petersilie und Zwiebelringen marinieren. Die Filets abtropfen lassen, salzen, pfeffern, durch Mehl ziehen und braten.
Merlan-Filets können auf die gleiche Art zubereitet werden.

Baudroie à l'américaine
Seeteufel auf amerikanische Art

Zutaten für 4 Personen: 4 große Portionen Seeteufel, 1 Glas Öl, trockener Weißwein, Madeira, 1 Kräuterstrauß, Schalotten, Tomatenmark, mittelscharfer spanischer Pfeffer.

Den Fisch säubern und mit Mehl bestäuben. In heißem Öl anbraten, die gehackten Schalotten, den Kräuterstrauß, den Pfeffer (das Gericht verträgt eine gewisse Schärfe) und den Weißwein hinzufügen. Abschmecken und 15 Minuten köcheln lassen.
Das Tomatenmark mit etwas Kochflüssigkeit verrühren und zusammen mit dem Madeira in die Pfanne geben. Weitere 5 Minuten sanft kochen lassen. Den Fisch zusammen mit kreolischem Reis servieren, die Sauce darübergießen.
Sobald der Fisch erste Farbe angenommen hat, kann er mit einem Glas Cognac oder Armagnac übergossen und flambiert werden. Die Sauce wird dann vollmundiger.

Brochet au beurre blanc
Hecht mit Buttersauce

Aus Zwiebeln, in Scheiben geschnittenen Karotten, 1 Glas Weißwein pro 1 Liter Wasser und 1 Kräuterstrauß einen Sud zubereiten. Salzen. 30 Minuten zugedeckt sieden und anschließend abkühlen lassen. Den Hecht ausnehmen und waschen, aber nicht schuppen. In einen Fischkochtopf geben und mit dem erkalteten Sud übergießen, der Fisch muss vollständig bedeckt sein. Auf den Herd stellen und 10 Minuten sieden. Pro 500 Gramm Fisch rechnet man 10 Minuten Siedezeit. Keinesfalls kochen lassen, sonst platzt die Haut auf.
Während der Fisch gart, die Sauce zubereiten: Für 1,5 Kilogramm Hecht etwa 200 Gramm Butter in einer Kasserolle zerlassen. 2 fein gehackte große Schalotten, 1 Teelöffel Essig, Salz und Pfeffer hinzufügen, bei milder Hitze unter ständigem Rühren sieden lassen. Die Sauce darf nicht kochen. In eine vorgewärmte Sauciere füllen und zum Hecht reichen, den man auf einem gefalteten Tuch serviert.

Poisson à la créole
Fisch auf kreolische Art

Zutaten für 6 Personen: 6 Scheiben Seehecht (kann durch einen anderen Fisch ersetzt werden), 100 g Butter, 1 kg Reis, Tomatenmark, 1 Ei, 1 Peperoni, 1 Kräuterstrauß, 1 Zitrone.

Die Fischscheiben in gesalzenem, mit Zitronensaft versetztem Wasser ziehen lassen. Reichlich Butter in einer Pfanne zerlassen, den Fisch hineingeben, mit heißem Wasser auffüllen, so dass der Fisch gerade bedeckt ist. Den Kräuterstrauß und die Peperoni hinzugeben, würzen und 15 Minuten köcheln lassen. Den Fisch herausnehmen und warm stellen. Das Tomatenmark mit etwas Kochflüssigkeit verrühren, in die Pfanne geben und einkochen lassen. Sobald der Reis gar ist, die Sauce mit 1 Eigelb binden.
Den Reis waschen und in einen Topf mit reichlich kochendem, gesalzenem Wasser geben und 15 bis 20 Minuten kochen lassen. In ein Sieb geben, mit kaltem Wasser abschrecken, abtropfen lassen. In den heißen Ofen stellen und von Zeit zu Zeit umrühren, damit sich die Körner voneinander lösen.
Den Reis in die Mitte der Anrichteplatte setzen, mit dem Fisch umlegen und alles mit der Sauce übergießen.

Coquilles Saint-Jacques
Jakobsmuscheln

Die Muscheln auf glühende Kohlen stellen, bis sie sich öffnen. Das Muschelfleisch auslösen. Das Schwarze entfernen. Das Muschelfleisch waschen und zusammen mit Schnittlauch und Petersilie hacken. Salzen und pfeffern. Die Schalen gründlich waschen, mit dem Gehackten füllen, mit fein geriebenen Semmelbröseln bestreuen, mit zerlassener Butter übergießen und überbacken.

Eau de sel pour la cuisson des poissons

Salzwasser als Fischsud

Zum Kochen von bestimmten Fischen, wie zum Beispiel Wolfsbarsch und alle Buttarten, wird Salzwasser verwendet, auch »gutes Wasser« genannt. Der Topf muss so groß sein, dass der Fisch richtig »schwimmen« kann. Immer reichlich Wasser nehmen, so dass der Fisch gut bedeckt ist. Man rechnet 1 Esslöffel grobes Salz auf 1 Liter Wasser. Den Fisch in das siedende Wasser geben und ziehen lassen. Die Siedezeit hängt von der Größe des Fisches ab. Das Wasser sollte nie richtig kochen.

Cuisson des crevettes et des crabes

Sud für Krabben und Taschenkrebse

Wasser mit Meersalz salzen, einige Pfefferkörner, Petersilie, Thymian und Lorbeerblätter hinzugeben und zum Kochen bringen. Kochzeit: Krabben 2 bis 4 Minuten, Taschenkrebse: 5 bis 15 Minuten (je nach Größe). Lauwarm servieren.

Coquilles Saint-Jacques à la florentine

Jakobsmuscheln auf florentinische Art

Die Muscheln öffnen, das Fleisch und den Rogen in Weißwein pochieren. Die geputzten Schalen mit in Butter angeschwitztem Spinat, dem Fleisch einer Muschel und dem dazugehörigen Rogen füllen, mit Béchamelsauce überziehen und mit geriebenem Käse bestreuen. Bei milder Hitze gratinieren.

Filets de maquereaux à la flamande

Makrelenfilets auf flämische Art

Die Filets auslösen und die Haut abziehen. Dabei sehr vorsichtig zu Werke gehen, damit das Fleisch nicht verletzt wird. In verrührtem Ei wälzen und in heißer Butter braten. Mit einer Kräutersauce servieren: Aus Butter und Mehl bei milder Hitze eine Einbrenne zubereiten, mit ½ Glas Wasser ablöschen, fein gehackte Petersilie und Kerbel unterziehen, mit Salz, Pfeffer und einem Hauch Muskat abschmecken. So lange rühren, bis die Sauce gut gebunden ist. Ganz zum Schluss etwas Zitronensaft oder Saft aus sauren Trauben unterziehen.

>> *Auf einer Ecke des Herdes wird bei milder Hitze ein Hecht im Sud gegart.*

Croquettes de morue
Stockfisch-Kroketten

Zutaten: 500 g Stockfisch, 5 Kartoffeln, Milch, 40 g Mehl, 40 g Butter, 2 Eier.

Den Stockfisch mit der Haut nach oben auf ein Sieb legen und das Sieb für 24 Stunden in kaltes Wasser geben, um den Fisch zu entsalzen. Das Wasser mehrmals wechseln. Den Stockfisch in Wasser oder Milch garen, einmal aufwallen und dann 15 Minuten sieden lassen. Unterdessen die geschälten Kartoffeln in Salzwasser kochen, abgießen. Den Fisch ebenfalls abgießen. Fisch und Kartoffeln noch heiß zerstampfen.
Aus dem Mehl, der Butter und ½ Tasse heißer Milch eine Béchamelsauce herstellen. Die dicke Sauce mit den Kartoffeln und dem Stockfisch vermengen und die verrührten Eier einarbeiten. Kugeln formen, in Mehl wälzen und in heißem Öl ausbacken. Sehr heiß servieren.

Bouillabaisse de morue (Cézanne)
Bouillabaisse aus Stockfisch (Cézanne)

Zutaten: 1 großes Stück Stockfisch, 6 Kartoffeln, Olivenöl, 4 Stangen Lauch, Pfeffer, Gewürznelken, 2 Knoblauchzehen, Petersilie, Safran, 1 Lorbeerblatt, Mehl.

Den Stockfisch in Wasser entsalzen und braten, aber keine Kruste entstehen lassen. Die Kartoffeln in Scheiben schneiden und zu ¾ garen. Olivenöl in einer Kasserolle erhitzen und den fein geschnittenen Lauch darin andünsten. In einer zweiten Kasserolle etwas Mehl mit Pfeffer, Gewürznelke, Knoblauch, Petersilie, Safran und dem Lorbeerblatt würzen und in Butter braun werden lassen. Sich bei allen Vorgängen viel Zeit lassen. Pro Person 1 Glas heißes Wasser dazugießen. 10 bis 15 Minuten köcheln lassen, dann den vorgegarten Stockfisch und die vorgegarten Kartoffeln in die Kasserolle einlegen. Ungefähr 15 Minuten köcheln lassen, zum Lauch geben, gut vermengen.

Costriade
Fischragout mit Kartoffeln

Für 6 Personen: In einem großen Topf 2 gehackte Zwiebeln in reichlich Butter glasig anschwitzen. Mit 2 Liter Wasser ablöschen und würzen. 1 Kräuterstrauß, 2 Knoblauchzehen und 500 Gramm grob gewürfelte festkochende Kartoffeln hinzugeben. Zum Kochen bringen. 20 Minuten kräftig sprudeln lassen.
Den Fisch in Stücke zerteilen (Merlane, Makrelen und Sardinen ganzlassen) und in den Kochtopf geben. Jetzt nur noch sieden lassen. Nach ungefähr 15 Minuten ist das Fleisch gar. Die Kartoffeln und die Fische in einer Schüssel anrichten, die Bouillon getrennt dazu reichen. Dünn geschnittene Brotscheiben in die Suppenteller geben und servieren. Bei einer Costriade können alle Arten von Fischen (z.B. auch Meeraal oder Fischköpfe), aber auch Schalentiere und Muscheln verwendet werden.

Soupe aux poissons
Fischsuppe

Lauch, Karotten und Zwiebeln in einen großen Topf geben, salzen, pfeffern und 1 ½ Stunden kochen. Den Fisch in Stücke zerteilen und hinzugeben. Nach 20 Minuten den Fisch herausnehmen und die ansehnlichsten Stücke warmhalten. Die Suppe mit Eigelb binden und mit dem restlichen Fisch durch ein Sieb streichen. Größere Stücke im Mörser zerstampfen. Mit den beiseite gestellten Fischstücken und gerösteten Weißbrotwürfeln servieren.

Potage aux huîtres
Austernsuppe

3 Dutzend Austern in ihrer Flüssigkeit pochieren, mit etwas klarem Wasser strecken. 1 Auster pro Person aufbewahren, die restlichen Austern klein hacken. Die Kochflüssigkeit durch ein feines Sieb gießen, mit den gehackten Austern vermengen und mit Fischsud oder Geflügelbouillon verlängern. 1 Glas Madeira und einige Pfefferkörner hinzufügen. Kurz einkochen lassen. In jeden Teller 1 Auster legen und die heiße Suppe darübergießen.

Huîtres aux saucisses
Austern mit gegrillten Würstchen

Zu Austern gegrillte Würstchen servieren. Abwechselnd verspeisen. Dieses Gericht lebt vom Kontrast.

Homard à l'américaine
Hummer auf amerikanische Art

Zutaten für 4 Personen: 1 lebender Hummer (etwa 1 kg), 1 Glas Cognac, 2 Gläser trockener Weißwein, 3 EL Butter, Tomaten, 1 Zwiebel, 3 Schalotten, 1 Knoblauchzehe, etwas Cayennepfeffer.

Den Hummer mit einem Küchenbeil zerteilen: Die Scheren abtrennen, den Schwanz vom Körper trennen und den austretenden Saft auffangen. Den Körper halbieren, den Schwanz in Stücke hacken. Den Rogen und die Eingeweide beiseite stellen. Die einzelnen Teile in sehr heißem Öl kräftig anbraten, salzen, pfeffern. Nach 5 Minuten den Hummer aus der Pfanne nehmen, das Öl abgießen. Die Butter in der Pfanne zerlassen und die Hummerstücke wieder hineingeben. Die gehackte Zwiebel und die gehackten Schalotten sowie die zerdrückte Knoblauchzehe hinzufügen. Mit dem Cognac ablöschen, flambieren und mit dem trockenem Weißwein strecken. Mit 1 Prise Salz, 1 Prise Pfeffer und 1 Messerspitze Cayennepfeffer würzen und zum Kochen bringen. Sobald sich die ersten Blasen zeigen, zudecken und bei kleiner Flamme 20 Minuten köcheln lassen.
Den Hummer herausnehmen und warm stellen. Die Sauce andicken, die aufgefangene Flüssigkeit sowie den Rogen und die durch ein Sieb gedrückten Eingeweide dazugeben. Etwas Butter einrühren. Einmal kurz aufwallen lassen, dabei ständig weiterrühren. Vom Feuer nehmen und mit Butter, die portionsweise eingearbeitet wird, binden. Die Sauce über den Hummer gießen und sofort servieren.

Homard à la Douglas
Hummer »Douglas«

Zutaten für 4 Personen: 1 lebender Hummer (etwa 1 kg), Zwiebeln, Gewürznelken, Thymian, Lorbeer, 350 g Butter, Gin, 330 g Crème fraîche, Pfefferkörner, Karotten, Cayennepfeffer.
Den Hummer in einen kochenden Sud aus 2 Liter Wasser, 2 mit Gewürznelken gespickten Zwiebeln, 5 Pfefferkörnern, 1 großen Karotte, 1 Esslöffel grobem Salz, Thymian und Lorbeer geben. Zudecken und etwa 25 Minuten kochen lassen. Den Hummer im Sud abkühlen lassen. Das Fleisch vorsichtig aus dem Panzer lösen, den Panzer mit dem Rogen im Mörser zerstoßen und mit 300 Gramm Butter vermengen. 2 Liter kaltes Wasser hinzufügen, zum Kochen bringen, 15 Minuten nur leicht köcheln lassen. An einen möglichst kühlen Ort stellen, so dass die Hummerbutter an die Oberfläche steigt. Mit einer Schöpfkelle abschöpfen und in ein Sieb geben.
1 Esslöffel Hummerbutter in eine Schmorpfanne geben, einige Karottenwürfel, fein gehackte Zwiebeln und einen Hauch Thymian und Lorbeer hinzugeben, 15 Minuten sanft schmoren lassen. Unterdessen das Hummerfleisch in gleichmäßig große Scheiben schneiden und auf das Gemüse legen. Mit Salz und etwas Cayennepfeffer würzen (möglichst keinen anderen Pfeffer verwenden). Die Scheiben wenden und nicht zu sparsam mit Gin begießen, flambieren und die Crème fraîche unterziehen. Erhitzen und, sobald die Flüssigkeit zu kochen beginnt, den Rest der Hummerbutter unterziehen und gut vermengen. 50 Gramm Butter mit 1 Esslöffel Mehl zu kleinen Kügelchen formen und die Sauce damit vorsichtig binden. Hummer und Sauce zusammen servieren. Man kann das Rezept auch mit Champignons und Trüffelstreifen verfeinern.

Homard à la Newburg
Hummer »Newburg«

Zutaten: 2 kleine Hummer (je 500 g), 1 EL Butter, 1 Glas Madeira, 300 g Crème fraîche, 4 Eier.

Die Hummer in einem Fischsud kochen. Das Fleisch aus Körper und Scheren auslösen und in dünne Scheiben schneiden. Die Butter in einer Schmorpfanne zerlassen, die Hummer hineingeben, salzen und pfeffern. Bei milder Hitze auf jeder Seite 5 Minuten ziehen lassen. Mit dem Madeira begießen, zudecken, 15 Minuten köcheln lassen. Die Crème fraîche und die 4 Eigelbe mit einem Schneebesen verquirlen, in die Schmorpfanne gießen und unter ständigem Rühren zu einer sämigen Sauce einkochen.

› Ein Ausschnitt aus den »Carnets de cuisine«.

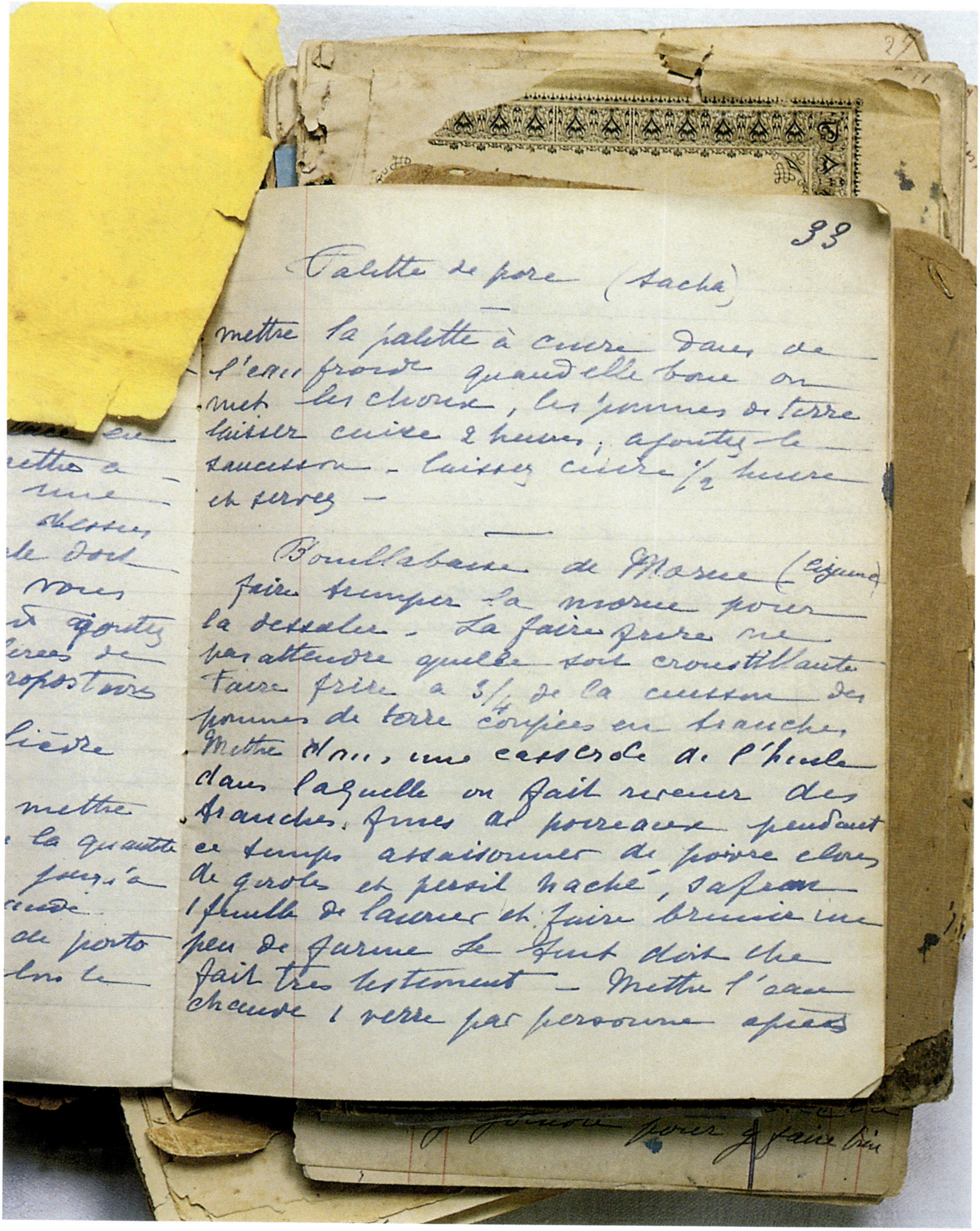
33
Palette de porc
mettre la palette à cuire dans de l'eau froide quand elle bout on met les choux, les pommes de terre laisser cuire 2 heures, ajoutez le saucisson. laissez cuire 1/2 heure et servez –
Bouillabaisse de Morue
faire tremper la morue pour la dessaler. La faire frire ne pas attendre qu'elle soit croustillante. Faire frire a 3/4 de la cuisson des pommes de terre coupées en tranches. Mettre dans une casserole de l'huile dans laquelle on fait revenir des tranches fines de poireaux pendant ce temps assaisonner de poivre clous de girofle et persil haché, safran 1 feuille de laurier et faire brunir un peu de farine le tout doit être fait très lestement – Mettre l'eau chaude 1 verre par personne après

Nachspeisen

Vert-vert
»Grüner« Kuchen

Zutaten für den Teig: 4 Eier, 150 g Zucker, 125 g Mehl, 60 g Butter, ½ Zitrone, 50 g Pistazien, 4 EL Kirschwasser.

Zubereitung des »Spinat-Grüns«: 3 gehäufte Handvoll Spinatblätter 1 Minute in kochendem Wasser blanchieren und durch ein feines Sieb streichen. Mit dem grünen Püree den Pistazienteig und die Glasur färben.
Zutaten für die Pistaziencreme: 100 g ausgelöste Pistazien, 2 EL Kirschwasser, 50 g Butter, 2 TL Spinatgrün, 100 g Zucker, 2 Eier, 2 Eigelbe, 2 TL Mehl, 1 Glas Milch, 500 g Butter.
Zutaten für den Fondant: 600 g Zucker, 2 EL Traubenzucker, 1 Zitrone.
Für den Teig die Eier mit dem Zucker in einer Kasserolle bei milder Hitze aufschlagen, bis sich das Volumen verdoppelt hat. Das gesiebte Mehl, die zerstoßenen Pistazien, das Kirschwasser, die weiche Butter und die fein geriebene Schale von ½ Zitrone (nach Belieben) hinzufügen. Mit Hilfe eines Holzspatels alles gut miteinander verrühren. Bei milder Hitze 30 Minuten backen. Überprüfen, ob der Kuchen gar ist. Aus dem Ofen nehmen und stürzen, langsam abkühlen lassen.
Für die Pistaziencreme die gemahlenen Pistazien, das Kirschwasser und die weiche Butter zu einer Paste verrühren und mit Spinatpüree färben. In einer Schüssel den Zucker mit den Eiern und den Eigelben unter ständigem Rühren vermengen. Das Mehl und die Milch hinzufügen. Auf den Herd stellen, bei milder Hitze die Pistazienpaste unterziehen und die Butter einarbeiten.
Für den Fondant in einer Kasserolle den Zucker mit 2 Gläsern Wasser zum Schmelzen bringen, leise köcheln lassen, bis der Zucker »breite Fäden« zieht (mit einem Holzlöffel überprüfen). Kurz bevor der Zucker die richtige Konsistenz hat, den Traubenzucker und etwas Spinatgrün hinzufügen. Den Fondant auf eine leicht gefettete Marmorplatte gießen, mit einem Spatel glatt streichen und mit Zitronensaft beträufeln. Mit einem feuchten Tuch bedecken und bis zum Gebrauch kühl stellen.
Den Kuchen quer in 3 Scheiben schneiden, mit der Creme bestreichen, wieder zusammensetzen und kühl stellen. Dann mit dem vorbereiteten Fondant glasieren und mit einem Spatel glatt streichen.

Beignets soufflés ou Pets-de-nonne (Melanie)
Beignets oder Nonnenfürze (Melanie)

Zutaten: 1 Glas Milch, Salz, Zucker, 100 g Butter, 1 EL Schnaps, 1 Glas Mehl, 4 Eier.

Die Milch in eine Kasserolle gießen, 1 kräftige Prise Salz und 1 kräftige Prise Zucker, die Butter und den Schnaps hinzugeben, durchrühren und aufkochen. Sobald die ersten Blasen aufsteigen, zügig das Mehl hineinschütten und bei milder Hitze mit einem Holzlöffel einarbeiten, bis der Teig glatt ist und nicht am Löffel klebt. Vom Feuer nehmen, nach und nach die Eier unterziehen und sorgfältig einarbeiten. Der Teig soll geschmeidig sein, ohne zu fließen. 1 Stunde ruhen lassen. Den Teig löffelweise abstechen und in heißem Fett ausbacken, auf einem Tuch gut abtropfen lassen und mit Puderzucker bestreuen.

‹ Eine der Spezialitäten von Marguerite ist der »grüne Kuchen«.

Crème moka
Mokkacreme

6 Eigelbe, 150 Gramm Mehl, 200 Gramm Zucker und 250 Gramm Butter gut verrühren und so viel starken Kaffee einarbeiten, bis die Crème keine Flüssigkeit mehr aufnimmt. Bei schwacher Hitze binden.

Crème à la vanille
Vanillecreme

1 Liter Milch zusammen mit 1 Vanilleschote und 200 Gramm Zucker 10 Minuten kochen. Vom Feuer nehmen und 6 Eigelbe und 2 verrührte Eier unterziehen. Das Ganze durch ein feines Sieb streichen, in eine feuerfeste Form umgießen und im Wasserbad im Ofen bei Unterhitze so lange garen, bis die Creme dick wird.

Crème frite
Crème frite (Fettgebackenes)

5 Esslöffel Mehl mit 1 Tasse kochender Milch verrühren. Abkühlen lassen. 4 Eier und 2 Esslöffel Zucker unterziehen. 30 Minuten köcheln lassen, auf eine Marmorplatte stürzen und mit einem Spatel glatt streichen. Die Masse sollte etwa 1 Zentimeter dick sein. Abkühlen lassen. Rauten, Kreise und Rechtecke ausschneiden, in geschlagenem Eiweiß und Semmelbröseln wälzen, in Öl oder Butter ausbacken.

Crème au chocolat
Schokoladencreme

250 Gramm geriebene Schokolade bei milder Hitze in etwas Milch zum Schmelzen bringen, umrühren, 125 Gramm Zucker mit 1 Liter kalter Milch vermischen und zur Schokoladensauce geben. Abkühlen lassen. 5 Eigelbe und 1 verrührtes Ei unterziehen. Durch ein feines Sieb oder eine Mousseline streichen, in feuerfeste Förmchen füllen und bei milder Hitze im Ofen im Wasserbad garen.

Crème au thé
Teecreme

3 Teelöffel schwarzen Tee aus Ceylon und 3 Teelöffel grünen Tee vermischen und mit 1 Liter kochender Milch übergießen. 250 Gramm Zucker hinzugeben, verrühren, bis sich der Zucker auflöst. Durch ein Sieb gießen. Zugedeckt abkühlen lassen. Kurz bevor die Milch völlig erkaltet ist, 6 verquirlte Eigelbe unterziehen, durchschlagen, wieder durchsieben. Im Ofen bei Unterhitze im Wasserbad steif werden lassen.

Crème somptueuse
Prachtcreme

750 Gramm dunkle Schokolade bei milder Hitze in etwas Wasser zum Schmelzen bringen. Vom Feuer nehmen, sobald die Schokolade eine cremeartige Konsistenz erlangt hat. 100 Gramm Butter in kleinen Stücken einarbeiten und alles gut glatt rühren. 3 Eigelbe verquirlen und mit einem Holzlöffel vorsichtig unter die Crème ziehen, bis sich alles gut vermengt hat. In eine Servierschüssel umfüllen.
Die Crème am Vortag zubereiten, damit sie fest werden kann. An einem kühlen Ort hält sie sich 2 bis 3 Tage.

Crème brûlée
»Verbrannte« Creme

250 Gramm Crème fraîche in einem Topf im Wasserbad erhitzen, bis sie flüssig wird. Nicht kochen lassen.
6 Eigelbe mit 2 Esslöffeln Zucker verrühren, bis die Masse schaumig wird; die flüssige Crème fraîche unterziehen. Die Masse 2 Finger hoch in Gratinierförmchen füllen und im vorgeheizten Ofen im Wasserbad garen. Sobald die Creme fest geworden ist, abkühlen lassen. Mit 4 Esslöffeln braunem Zucker überstreuen und mit dem Salamander-Ofen karamellisieren. Kalt stellen.

Crème renversée
»Gestürzte« Creme

Zutaten: 1 l Milch, 250 g Zucker, 6 Eier, 1 Vanilleschote.

Die Milch mit 200 Gramm Zucker und der Vanilleschote kochen. Die Eier verquirlen und mit dem Schneebesen in die erkaltete Vanillemilch einarbeiten. Mit dem restlichen Zucker und wenig Wasser einen Karamell herstellen. Bevor er dunkel wird, das Innere einer Form damit ausgießen, erkalten lassen und mit der Creme auffüllen. Im Wasserbad im Ofen bei Unter- und Oberhitze fest werden lassen, auf eine Platte stürzen.

Crème pour accompagner le pudding au riz
Creme zu Reispudding

3 Esslöffel Butter bei milder Hitze zerlassen, 3 Esslöffel Zucker hinzufügen. Umrühren. 2 verquirlte Eigelbe einarbeiten, bis eine homogene Masse entsteht. 2 Esslöffel heißes Wasser hinzufügen, weiterrühren. In ein Wasserbad stellen und den Saft von ½ Zitrone und 1 Tasse Sherry mit dem Schneebesen unterziehen.

Crème Sambaglione
Zabaione

6 Eigelbe und 6 Esslöffel Zucker in eine Kasserolle geben und mit einem Holzlöffel durchrühren, bis die Masse Fäden zieht.
12 Esslöffel Marsala hinzufügen und bei milder Hitze erwärmen. Dabei ständig in der gleichen Richtung durchrühren. Die Masse darf nicht kochen. In Gläser füllen, abkühlen lassen.
Diese italienische Cremespeise kann auch mit Weißwein zubereitet werden; in diesem Fall 1 kleines Glas Rum hinzufügen.

Soufflé à l'abricot
Aprikosensoufflé

8 Eiweiße sehr steif schlagen. Vorsichtig mit 1 Glas Aprikosenkonfitüre vermengen. In eine gebutterte Souffléform füllen und bei sehr milder Hitze 1 ½ Stunden im Ofen garen. Ist der Ofen zu heiß, geht das Soufflé nicht auf.

Soufflé aux marrons
Maronensoufflé

500 Gramm Esskastanien schälen und kochen. Im Mörser zerstoßen und nach und nach 1 Glas gezuckerte und mit Vanille abgeschmeckte heiße Milch einarbeiten. Sobald die Creme gut gebunden ist, 3 verquirlte Eigelbe einarbeiten. Die Eiweiße sehr steif schlagen und vorsichtig unterheben. In eine gebutterte Souffléform füllen. Bei milder Ober- und starker Unterhitze 30 bis 40 Minuten aufgehen lassen.

Omelette soufflé
Omelette-Soufflé

6 Eigelbe mit 6 Esslöffeln Zucker und etwas fein gehackter Zitronenschale verrühren. Die Eiweiße sehr steif schlagen; erst dann 1 Esslöffel Zucker unterrühren.
Die Eigelbemasse vorsichtig mit dem Eischnee vermengen. Eine Gratinierform buttern, die Masse einfüllen, mit Zucker bestreuen und im heißen Ofen 6 bis 8 Minuten backen. Sofort servieren, da das Omelette schnell wieder zusammenfällt.

Croûtes aux pêches
Pfirsiche auf Toast

1 flache Kuchenform gut ausbuttern und mit kleinen Toastscheiben auslegen. Auf jede Scheibe 1 Pfirsichhälfte mit der Wölbung nach unten setzen. Die Mulde, die durch das Entfernen des Steines entstanden ist, mit 1 Teelöffel Zucker und 1 Teelöffel Butter füllen, bei milder Hitze im Ofen garen. Aus dem Ofen nehmen, lauwarm oder kalt servieren.

Pavé au chocolat

Schokoladenkuchen

Für 6 Personen: 125 Gramm Löffelbiskuit der Länge nach halbieren. 250 Gramm Schokolade in etwas Wasser bei sehr milder Hitze schmelzen lassen. Sobald die Schokoladenmasse glänzt, 125 Gramm kalte Butter einarbeiten. Gut verrühren. 1 Ei verquirlen und unterziehen.
Während die Creme noch weich und lauwarm ist, einen Teil auf die eine Hälfte der Biskuits streichen, die andere Hälfte darauf drücken, so dass die Löffelbiskuits »gefüllt« sind. Auf einer Anrichteplatte 3 Biskuits dicht nebeneinanderlegen und mit Creme bedecken. Dann 3 weitere Biskuits quer darauflegen. Die Biskuits so lange aufschichten, bis alle Zutaten aufgebraucht sind. Die Creme dabei im Wasserbad geschmeidig halten.
Auf allen Seiten mit Schokoladencreme bedecken und glatt streichen. Kühl stellen.

Gâteau au chocolat

Feste Schokoladencreme

2 Eier abwiegen. Die gleiche Menge Butter, Schokolade und Zucker abmessen. Die Schokolade bei milder Hitze in etwas Wasser schmelzen, vom Feuer nehmen. Die Butter einarbeiten, bis sie sich völlig mit der Schokolade verbunden hat. Etwas abkühlen lassen, die Eigelbe, den Zucker und 1 Esslöffel Mehl nach und nach einarbeiten. Die Eiweiße sehr steif schlagen und unterziehen. Die Masse in eine gut gebutterte Form füllen und 20 Minuten im Ofen bei mäßiger Hitze garen.

Génoise

Genueser Kuchen

Zutaten: 250 g Mehl, 100 g Zucker, 125 g Butter, 2 Eigelbe, 1 bis 2 EL Rum.

In einer Schüssel die Eigelbe und den Zucker gut miteinander verrühren, ¾ des Mehls hinzuschütten, die Butter klären und lauwarm dazugeben. Alles gut durchkneten. Nach und nach den Rest des Mehls einarbeiten. Zum Schluss den Rum unterziehen. Eine flache Form ausbuttern und den Teig einfüllen. 20 Minuten bei milder Hitze backen.

Biscuit roulé
Biskuitrolle

Zutaten: 100 g Mehl, 100 g Zucker, 4 Eier, 1 Glas Aprikosenkonfitüre, 1 EL Rum.

Den Zucker mit den Eigelben gut 10 Minuten verrühren, nach und nach das Mehl unterziehen, den Rum hinzufügen. Die Eiweiße sehr steif schlagen und vorsichtig unter die Masse ziehen. Den Teig auf ein gebuttertes Pergamentpapier geben und auf den Boden des Ofens legen. Bei milder Hitze so lange backen, bis der Teig leicht gebräunt ist. Eine Marmorplatte mit einem Tuch abdecken, den Biskuitteig daraufgeben und die Aprikosenkonfitüre gleichmäßig darauf verstreichen. Noch während der Teig heiß ist, zusammenrollen. Abkühlen lassen.
Aus 100 Gramm Zucker und 1 Glas Wasser ein Karamell zubereiten und über die Biskuitrolle gießen.

Quatre-quarts
Feiner Teekuchen

5 Eier abwiegen, das gleiche Gewicht an Butter, Zucker und Mehl abmessen. Die Butter weich werden lassen. Den Zucker mit den Eigelben und ein wenig fein gehackter Zitronenschale vermengen, anschließend die weiche Butter sowie nach und nach das Mehl einarbeiten. Wenn die Mischung homogen ist, den steif geschlagenen Eischnee vorsichtig unterheben. Eine Form ausbuttern, den Teig hineingeben und 1 Stunde bei mittlerer Hitze backen. Da der Kuchen aufgeht, die Form nicht zu klein bemessen.

Galette feuilletée (Melanie)
Blätterteig-Galette (Melanie)

250 Gramm Mehl auf die Arbeitsplatte sieben, in die Mitte eine Vertiefung drücken und etwas lauwarmes Wasser sowie Salz hineingeben. Nach und nach zu einem Teig kneten und eine Kugel formen. 30 Minuten ruhen lassen. Anschließend 125 Gramm weiche Butter mit 125 Gramm Quark vermengen. Den Teig der Länge nach ausrollen, das Butter-Quark-Gemisch in die Mitte geben und den Teig darüberschlagen. Wieder ausrollen, dreimal zusammenschlagen und noch einmal ausrollen, ¼ Stunde ruhen lassen. Die Prozedur mehrmals wiederholen. Zum Schluss einen fingerdicken Kreis ausrollen, mit 1 Ei bestreichen und 30 Minuten im heißen Ofen backen.

Galette
Galette

Zutaten: 250 g Mehl, 10 g feines Salz, 250 g Butter, etwas Milch.

Aus den Zutaten einen geschmeidigen Teig kneten; falls er zu fest ist, notfalls etwas lauwarmes Wasser hinzufügen.
Den Teig auf der mit Mehl bestäubten Arbeitsplatte ausrollen, wieder zusammenschlagen, 15 Minuten ruhen lassen. Den Vorgang dreimal wiederholen. Fingerdick ausrollen und in eine runde Kuchenform geben. Mit der Messerspitze ein Rautenmuster einritzen, mit einem verquirlten Ei bestreichen und bei mittlerer Hitze 30 Minuten backen.

CHARLOTTE AUX ABRICOTS
Aprikosen-Charlotte

Löffelbiskuits in Kirschwasser tauchen und den Boden und die Wände einer Charlottenform damit auskleiden. Alle Löcher mit Biskuitbröseln verschließen. Mit Aprikosenkonfitüre bestreichen. Quer zur ersten Schicht eine neue Lage Biskuits auslegen und mit Aprikosenkonfitüre bestreichen. So lange längs und quer schichten, bis die Form gefüllt ist. Die Form mit einem passenden Deckel verschließen und ein Gewicht darauflegen. Kalt stellen.
Mit einer Vanillesauce servieren.

GÂTEAU DE MARRONS
Maronenkuchen

Zutaten: 1,5 kg Esskastanien, 1 l Milch, 200 g Butter, 200 g Zucker, 6 Eier, 1 Vanilleschote.

Die Esskastanien schälen und in der gezuckerten, mit der Vanilleschote aromatisierten Milch kochen. Durch ein Sieb streichen. Die Butter mit dem Püree vermengen, abkühlen lassen. Sobald die Masse lauwarm ist, die Eigelbe einzeln einarbeiten. Die Eiweiße schlagen und vorsichtig unter die Masse ziehen. In eine Charlottenform geben und im Ofen in einem Wasserbad bei milder Hitze 30 Minuten garen. Kalt servieren.

BISCUIT DE SAVOIE
Savoyer Biskuit

Zutaten: 4 Eier, 200 g Zucker, 200 g Mehl, 2 EL Butter.

Die Eigelbe mit dem Zucker so lange verrühren, bis die Masse weiß wird. Nach und nach zuerst das Mehl und dann die sehr steif geschlagenen Eiweiße unterziehen.
Eine hohe Kuchenform ausbuttern und den Teig hineingeben. Bei sanfter Hitze etwa 50 Minuten backen.

CHRISTMAS PUDDING (DE BONNE)
Christmas-Pudding (auf Dienstmädchenart)

Zutaten: 500 g Nierenfett vom Rind, 225 g Mehl, 12 Eier, 250 g Rosinen, 250 g Korinthen, 1 Zitrone, Salz, 80 g Zucker, 3 kleine Gläser Schnaps, 1 Glas Milch, altbackenes Weißbrot.

Das Fett und das Mehl in eine Schüssel geben, die Eier, die Rosinen, die Korinthen, den Zucker, die fein gehackte Schale der Zitrone und den Schnaps hinzufügen.
Alles gut miteinander vermischen. Nach und nach etwas Milch und reichlich geriebenes altbackenes Weißbrot einrühren, bis ein homogener Teig entsteht.
Den Teig in ein gebuttertes und bemehltes Tuch geben und zu einem Kreis formen. Die vier Enden des Tuches miteinander verknüpfen, aber nicht zu fest anziehen, da der Teig beim Garen aufgeht.

(Fortsetzung folgende Seite)

In einen Topf mit kochendem Wasser geben, mindestens 5 bis 6 Stunden kochen, dabei häufig umdrehen. Den Topf keinesfalls hermetisch verschließen, von Zeit zu Zeit kochendes Wasser nachschütten. Sobald der Pudding gar ist, herausnehmen, auf eine Platte geben und das Tuch entfernen. Kurz vor dem Servieren mit Rum übergießen, flambieren und mit einer Sauce reichen.

Sauce pour le pudding

Sauce zum Christmas-Pudding

Zutaten: 150 g Butter, 2 Eigelbe, 3 EL Zucker, 1 kleines Glas Rum.

Alle Zutaten im Wasserbad miteinander verrühren, bis die Sauce schön sämig ist, heiß servieren.

Pommes au beurre

Bratäpfel

Die Äpfel schälen, das Kerngehäuse ausstechen. Nicht zu frische Weißbrotscheiben auf die Größe der Äpfel zurechtschneiden. Eine feuerfeste Form buttern, die Brotscheiben einschichten und die Äpfel daraufsetzen. Etwas Butter in die Apfelöffnungen geben. Sobald die Butter schmilzt, Zucker darauf streuen. Wenn der Zucker schmilzt, nachbuttern und nachzuckern. Kurz vor dem Servieren etwas Johannisbeermarmelade in die Äpfel geben.

Tarte Tatin

Gestürzter Apfelkuchen

Zutaten: 250 g Mehl, 250 g Butter, 1 Eigelb, 1 Messerspitze Salz, 6 säuerliche Äpfel, 5 gehäufte EL Zucker.

Die kalte Butter in kleine Stücke schneiden. Das Mehl auf die Arbeitsfläche sieben, in die Mitte den Zucker, das Salz, das Eigelb und ½ Glas lauwarmes Wasser geben. Alles gut durchkneten, die Butter einarbeiten. Den Teig ausrollen, zusammenschlagen und 1 Stunde ruhen lassen. Auf halbe Fingerdicke ausrollen.
Die Äpfel schälen und in Scheiben schneiden, in eine hohe Form geben, Butterflöckchen und Zucker darüberstreuen, mit dem Teig bedecken. Im heißen Ofen 45 Minuten garen, anschließend auf eine Platte stürzen.

Gâteau de pommes

Apfelkuchen

500 Gramm Zucker in etwas Wasser langsam erhitzen, bis ein dicker Sirup entsteht. In diesen Sirup 1 Kilogramm geschälte und in feine Scheiben geschnittene Äpfel sowie die Schale von 1 Zitrone geben und so lange kochen, bis die Konsistenz eines Gelees erreicht ist. Eine Form ausbuttern, eine Lage Äpfel hineingeben und mit Johannisbeergelee bestreichen. Weiter aufschichten und mit Gelee bestreichen, bis alle Äpfel aufgebraucht sind. Mit etwas Rum begießen. Die Zitronenschale herausnehmen. 15 Minuten im Wasserbad kochen. Abkühlen lassen. Stürzen.

Pommes flambées
Flambierte Äpfel

Die Äpfel schälen, das Kerngehäuse ausstechen. In Zuckerwasser garen. Die Äpfel sollen fest bleiben. In die Anrichteschale geben und die Löcher mit Himbeer- oder Johannisbeergelee verzieren. Sirup in einer Kasserolle gut eindicken lassen, über die Äpfel geben, mit Cognac begießen und flambieren.

Pommes frites
Frittierte Äpfel

Die Äpfel schälen und in Scheiben schneiden. Mehrere Stunden in Schnaps und Zucker marinieren. Abtropfen lassen, durch Mehl ziehen und in Butter frittieren, bis sie goldgelb sind.

Pommes aux pistaches
Äpfel mit Pistazien

6 große Äpfel schälen. Einen Sirup herstellen und mit Vanille aromatisieren. Die Äpfel darin garen, in eine Schüssel geben und abkühlen lassen. Den Sirup eindicken lassen. Die Äpfel mit Pistazien spicken und mit dem Sirup übergießen. Kalt servieren.

Pommes meringuées
Apfelkompott mit Meringue

In eine feuerfeste Form dickes Apfelkompott pyramidenförmig einschichten. Mit sehr steif geschlagenem, gezuckertem und mit Zitronenschale parfümiertem Eiweiß bestreichen und bei niedriger Temperatur im Backofen festwerden lassen. Warm servieren. Zum Kompott passen auch getrocknete Pflaumen.

Beignets de pommes
Apfelkrapfen

250 Gramm Mehl auf die Arbeitsplatte sieben. 2 Eigelbe, 1 Esslöffel Schnaps und etwas Salz in die Mitte geben, alles gut miteinander verkneten. Etwas Milch hinzufügen, bis der Teig geschmeidig und glatt ist. Ruhen lassen. 6 große, säuerliche Äpfel schälen, das Kerngehäuse entfernen und den Rest in Scheiben schneiden. Dann die Apfelschnitze im Teig wenden und ausbacken. Mit Zucker bestreut servieren.

Pêches à la Bourdaloue

Pfirsiche »Bourdaloue«

Zutaten: 6 große Pfirsiche, 400 g Kristallzucker, 1 Vanilleschote, 6 Eigelbe, ½ l Milch, 4 Makronen, 1 gehäufter EL Mehl.

Die Pfirsiche mit kochendem Wasser überbrühen, schälen und halbieren. Aus 300 Gramm Zucker, der Vanilleschote und ½ Liter Wasser einen Sirup zubereiten. Die Pfirsichhälften im kochenden Sirup marinieren.

Aus den Eigelben, 50 Gramm Zucker und dem Mehl eine Konditorcreme zubereiten. Alle Zutaten bei kleiner Flamme gut miteinander vermischen und nach und nach mit der kochenden Milch strecken. Sobald die Creme die ersten Blasen wirft, vom Feuer nehmen und abkühlen lassen. In eine feuerfeste Form eine Schicht kalte Creme geben, die Pfirsichhälften darauflegen, mit dem Rest der Creme bedecken.

Aus den zerstoßenen Makronen und dem restlichen Zucker einen Krokant herstellen, über die Creme geben, mit Butterflöckchen bedecken. Im Ofen gratinieren und heiß, aber nicht kochend heiß, servieren.

Clafouti

Verlorene Kirschen

Zutaten: 500 g Kirschen, 125 g Mehl, 100 g Zucker, 2 Eier, 1 großes Glas Milch, 1 EL Butter.

Die Kirschen entsteinen (nicht unbedingt erforderlich, da die Steine dem Auflauf einen guten Geschmack geben). Aus 50 Gramm Zucker, den Eiern, dem Mehl, 1 Prise Salz und der Milch eine Art Crêpe-Teig herstellen, der nicht zu flüssig sein darf. Eine gezackte Kuchenform ausbuttern, die Kirschen hineingeben (sie sollen eng aneinandergepresst liegen), mit dem Teig bedecken. Den restlichen Zucker darüberstreuen. Etwa 45 Minuten im heißen Ofen backen.

Pain de cerises

Kirschbrot

5 Esslöffel Mehl mit 2 Gläsern Wasser und 1 Prise Salz verrühren. Mit 500 Gramm entkernten Kirschen vermengen, in eine gebutterte feuerfeste Form geben und mit erbsengroßen Butterstückchen bedecken. 1 knappe Stunde in den heißen Ofen schieben.

Pie aux cerises

Kirsch-Pie

Aus 150 Gramm Mehl, 75 Gramm Butter, 1 Prise Salz und etwas Wasser einen sehr geschmeidigen, aber festen Teig zubereiten. Mit ⅔ des Teiges eine Souffléform auskleiden. Die entsteinten Kirschen in Zucker wälzen und in die Form geben. Aus dem restlichen Teig einen Deckel formen, den Rand befeuchten und fest andrücken. Aus Karton einen »Kamin« rollen und durch den Deckel stoßen, damit der Dampf beim Garen entweichen kann. Bei mittlerer Hitze 1 Stunde backen. Heiß mit Sahne servieren.

Mousse aux fraises
Erdbeer-Mousse

250 Gramm Erdbeeren durch ein Sieb streichen. Den Saft auffangen, nach Belieben mit Zucker vermischen. 4 Eiweiße sehr steif schlagen. Den Saft mit dem Eischnee vorsichtig vermischen. Die Masse in eine gebutterte Form setzen und 10 Minuten in den schwach geheizten Ofen geben. Sofort servieren.

Daube de bananes
Bananen in Rotwein

Pro Person 1 Banane schälen und der Länge nach halbieren. Auf beiden Seiten in heißer Butter anbraten. Guten Rotwein mit 3 Esslöffeln Zucker und 1 Prise Zimt (pro ½ Liter Wein) zum Kochen bringen. 10 Minuten köcheln lassen und über die Bananen gießen, so dass diese ganz bedeckt sind. Weitere 10 Minuten köcheln lassen. Heiß servieren.

Bananes au gratin
Gratinierte Bananen

Zutaten für 6 Personen: 6 Bananen, ⅓ Tasse Zucker, 2 EL Zitronensaft.

Die Bananen der Länge nach vierteln und in eine feuerfeste Form geben. Den Zucker mit dem Zitronensaft verrühren, die Hälfte davon über die Bananen gießen. Im heißen Ofen 20 Minuten backen, dabei häufig mit dem Rest der Sauce übergießen. Nach Belieben heiß oder kalt servieren.

Glace à la banane
Bananeneis

Zutaten: ½ l Milch, 5 Eigelbe, 250 g Zucker, 150 g Sahne, 1 TL Stärkemehl, 1 Prise Salz, 4 Bananen.

Die Eismaschine vorbereiten.
Für die Grundcreme die Milch mit dem Salz zum Kochen bringen. Unterdessen in einer Schüssel die Eigelbe, den Zucker und das Stärkemehl mit einem Holzlöffel so lange durcharbeiten, bis die Masse weiß wird und schäumt. Unter ständigem Rühren etwas kochende Milch einarbeiten und mit der restlichen Milch in einen Kochtopf aus Kupfer umfüllen. Bei sanfter Hitze so lange auf dem Herd lassen, bis die Masse cremig wird, dabei ständig rühren. Nicht kochen lassen. Sobald die Creme am Löffel haften bleibt, vom Feuer nehmen. Abkühlen lassen.
Die Bananen schälen und mit einer Gabel zerdrücken, bis man ein Püree erhält. Durch ein festes Sieb streichen. Mit der abgekühlten Creme vermischen und vorsichtig die Sahne unterziehen. Mit dem Schneebesen durchrühren.
Diese Masse in die Eismaschine geben. Die Eismaschine öffnen und die bereits zu Eis gewordene Masse in eine gezuckerte Kastenform umfüllen. Dabei mit einem Holzlöffel fest auf die Oberfläche drücken, damit keine Lufttaschen im Eis entstehen. Die Form mit Papier bedecken und 1 Stunde in einen mit Eis und Salz gefüllten Behälter geben, bis das Eis fest ist.
Kurz vor dem Servieren die Form aus dem Behälter nehmen, zuerst kalt und dann kurz heiß abspülen und auf eine mit einem Papierdeckchen belegte Anrichteplatte stürzen.

Brioche aux reines-claudes
Brioche mit Reineclauden

Briochescheiben in eine gebutterte feuerfeste Form schichten. Mit Reineclauden-Hälften bedecken und mit Zucker bestreuen. 15 Minuten bei mittlerer Hitze im Ofen überbacken.

Groseilles cardinal
Johannisbeeren »Kardinal«

Für 6 Personen: 250 Gramm rote und 250 Gramm weiße Johannisbeeren entstielen. 200 Gramm Himbeeren putzen, durch ein Sieb streichen. Den Saft auffangen, mit dem Saft einer Zitrone vermischen und 200 Gramm Zucker darin auflösen. Diesen Himbeer-Zitronensaft über die Johannisbeeren gießen und kalt servieren.

› Das Bananeneis wird zum Abschluss des üppigen Festmahls zu Weihnachten serviert (Rezept Seite 175).

Pour conserver les grappes de raisin
Wie man Weintrauben konserviert

Die Weintrauben an einer Schnur – bei Sonnenschein im Freien, ansonsten in der Vorratskammer – aufhängen. Der Aufbewahrungsort sollte möglichst warm und absolut trocken sein. In einem geschlossenen Raum muss man auf gute Lüftung achten. Trauben, die erste Anzeichen von Fäulnis aufweisen, sofort entfernen.

Pour secher les raisins
Wie man Weintrauben trocknet

Holzkohle 2 Stunden in Wasser kochen, durch ein Tuch filtern und das Holzkohlewasser einkochen lassen. Gesunde Weintrauben eintauchen. Mit einer Traube einen Versuch unternehmen: Wird die Haut der Beere nicht sofort runzelig, das Holzkohlewasser noch weiter konzentrieren. Die Trauben mit klarem Wasser abspülen. An einem trockenen, gut gelüfteten Ort aufhängen. Bevor man die getrockneten Trauben verwendet, mehrmals waschen und mit lauwarmem Wasser vollsaugen lassen.

Kuchen zum Tee

Scones
Scones

Zutaten: 250 g Mehl, 10 g Backpulver, 1 Glas Milch, 2 EL Butter.

Das Mehl mit dem Backpulver und 1 Prise Salz vermischen. Die Milch hinzugeben und zu einem glatten, nicht zu festen Teig verkneten. Auf einer bemehlten Arbeitsplatte ausrollen und mit einem Glas Teigscheiben ausstechen. 15 Minuten im heißen Ofen backen, noch warm servieren. Die Scones werden aufgeschnitten und mit Butter bestrichen.

Madeleines au citron
Zitronen-Madeleines

Zutaten für 1 Dutzend Madeleines: je 125 g Butter, Mehl und Zucker, 4 Eier, 1 Zitrone.

Die Butter weich werden lassen. In einer Schüssel die Butter, den Zucker und die Eigelbe miteinander verrühren, bis die Masse weiß wird. Die Eiweiße nicht zu steif schlagen. Löffelweise Eischnee und Mehl in das Butter-Zucker-Eigelbe-Gemisch einarbeiten. Etwas fein gehackte Zitronenschale unterziehen. Die Madeleine-Förmchen buttern und mit Mehl bestäuben. In jedes Förmchen 1 Teelöffel Teig geben und etwa 10 Minuten im heißen Ofen backen. Auf keinen Fall länger als 15 Minuten, da die Madeleines sonst trocken werden.

Pain de Gènes
Genueser Brot

Zutaten: 300 g Zucker, 250 g Mandeln, 5 Eier, 100 g Mehl, 125 g Butter, 1 Likörglas Kirschwasser.

Die Butter leicht erwärmen und zu einer Creme rühren. Mit dem Zucker vermischen, bis dieser sich völlig aufgelöst hat und die entstandene Masse glatt ist. Die Eier unter ständigem Rühren nacheinander einarbeiten. Die Mandeln fein mahlen und zusammen mit dem Kirschwasser in den Teig rühren. Erst zum Schluss das Mehl einarbeiten. Eine flache Form ausbuttern, den Teig einfüllen und bei mäßiger Hitze etwa 40 Minuten backen.

Gâteau à l'orange
Orangenkuchen

Zutaten: 100 g Mandeln, 100 g Mehl, 100 g Zucker, 2 Eier, 1 Orange.

Die Mandeln schälen und mahlen. Zucker und Eigelbe gut miteinander verrühren, bis die Masse schaumig wird. Den Saft der Orange, die gemahlenen Mandeln und das Mehl nach und nach einarbeiten. Die Eiweiße steif schlagen und unter den Teig ziehen. In eine gebutterte, längliche Kuchenform füllen und bei milder Hitze 30 Minuten backen.

< Scones, Genueser Brot und Maronenkuchen sind Claude Monets Lieblingsgebäcke.

Toasts à la canelle
Zimttoasts

Zutaten für 1 Dutzend Toasts: 200 g Butter, 150 g Zucker, 5 EL Zimt.

Butter, Zucker und Zimt gut miteinander vermengen. Die Toast-Scheiben damit bestreichen. Im heißen Ofen backen. Heiß servieren.

Galettes aux marrons
Maronen-Galettes

Zutaten: 250 g Maronenpüree, 125 g Butter, 125 g Zucker, 3 Eier.

Die Butter sanft zergehen lassen und mit dem Maronenpüree, dem Zucker und den Eigelben vorsichtig vermengen. Zum Schluss die steif geschlagenen Eiweiße unterheben. Flache runde Förmchen ausbuttern, den Teig hineingeben. 20 Minuten bei mittlerer Hitze backen.

Palets au miel
Honigplätzchen

Zutaten: 2 Eier, 125 g Zucker, 70 g Honig, 150 g Mehl.

Die Eier mit dem Zucker vermischen, dabei 5 Minuten lang kräftig mit dem Schneebesen rühren. Den Honig einarbeiten und nach und nach das Mehl unterziehen. 30 Minuten ruhen lassen. Kleine Häufchen auf ein gebuttertes Backblech setzen, in den schwach vorgeheizten Ofen schieben und die Plätzchen herausnehmen, sobald sie gebräunt sind.

Cake
Teekuchen mit kandierten Früchten

80 Gramm Butter im Wasserbad weich werden lassen. Mit der gleichen Menge Zucker verquirlen. Unter ständigem Rühren nacheinander 2 Eier einarbeiten. Mit 2 Esslöffeln Rum abschmecken. 50 Gramm Rosinen und die gleiche Menge gewürfelte kandierte Früchte unterziehen und anschließend nach und nach 150 Gramm Mehl einrühren. In eine längliche, gebutterte Kuchenform geben und bei sanfter Hitze 20 Minuten backen. Mit einer Stricknadel prüfen, ob der Kuchen gar ist.

Gâteaux nantais

Nantaiser Kekse

150 Gramm Mandeln häuten und mahlen. 500 Gramm Mehl auf die Arbeitsplatte sieben, in die Mitte 250 Gramm Zucker, 125 Gramm Butter, die gemahlenen Mandeln, die geriebene Schale von 2 Zitronen und 4 Eier geben. Alle Zutaten miteinander verkneten. Der Teig darf nicht zu weich sein. Teig einige Millimeter dick ausrollen. Mit einem Glas Teigscheiben ausstechen und auf ein gebuttertes Backblech geben. Jeden Keks mit gehackten Mandeln und Zucker bestreuen und bei sanfter Hitze backen.

Crêpes (Caroline)

Crêpes (Caroline)

Zutaten: 250 g Mehl, ½ l Milch, 3 Eier, Öl, Cognac.

Alle Zutaten miteinander vermengen. Ist der Teig zu hell, noch 1 Ei unterziehen, ist er zu fest, mit Milch strecken. 3 Stunden ruhen lassen. Man kann die Eiweiße auch zu festem Schnee schlagen und vor der Ruhezeit unter den Teig ziehen. Die Crêpes mit etwas Butter in einer Pfanne dünn ausbacken.

Pain Perdu

Verlorenes Brot

Für 4 Personen: 4 Scheiben altbackene Brioche in Milch tauchen, die zuvor mit 2 Esslöffeln Zucker und 2 Esslöffeln Rum aromatisiert worden ist. Die Briochescheiben sollen nur feucht werden, nicht durchweichen. 2 Eier wie für ein Omelett verrühren, die Briochescheiben darin wälzen. In einer großen Pfanne in reichlich Butter von beiden Seiten braten, großzügig mit Zucker bestreuen, heiß servieren.

Petit pains (Millet)

Milchbrötchen (Millet)

Etwas Bäckerhefe in lauwarmem Wasser auflösen und in eine Schüssel geben. Mit ein wenig Mehl verarbeiten, eine Kugel formen und anschließend etwa 500 Gramm Mehl einarbeiten.
Vorab 1 Tasse Milch erwärmen, mit 5 Esslöffeln Zucker oder 8 bis 10 Würfeln Zucker, 10 Gramm Salz, 40 Gramm Butter und 2 Eiern gut vermengen. Zum Teig geben und gut durcharbeiten, bis sich dieser mühelos vom Schüsselrand löst.
Auf die mit Mehl bestäubte Arbeitsfläche geben und in zigarrengroße Stücke aufteilen (etwa 30 Stück).
3 Stunden an einem warmen Platz in der Küche gehen lassen. Die Teigstücke anschließend auf ein bemehltes Backblech geben, mit einem Gemisch aus Milch und Eigelb bestreichen und im heißen Ofen 10 Minuten backen.

Konfitüren

Gelée de groseille à froid
Johannisbeergelee (kalt hergestellt)

Rote Johannisbeeren zerstampfen und durch ein Tuch drücken; den Saft auffangen.
Den Saft abwiegen und die gleiche Menge Kristallzucker abmessen.
Den Zucker langsam in den Saft rieseln lassen und dabei rühren, als wollte man eine Mayonnaise herstellen. Wenn sich der Zucker aufgelöst hat, noch gut 10 Minuten weiterrühren, am besten mit einem silbernen Löffel.
In Gläser füllen, dabei weiterrühren. Die Arbeit lässt sich leichter zu zweit erledigen. Die Gläser an einen kühlen und trockenen Platz stellen und erst nach 2 Tagen verschließen.

Confitures de prunes
Pflaumenkompott

Schöne, nicht zu reife Pflaumen halbieren, die Kerne entfernen, abwiegen. Für 500 Gramm Pflaumen rechnet man 600 Gramm Zucker. Den Zucker in einem Kupferkessel erhitzen, bis er große Blasen wirft, dann soviel Pflaumen hineingeben, dass der Boden ganz bedeckt ist. Sobald die Pflaumen glasig werden und leicht nachgeben, wenn man sie zwischen den Fingern drückt, den Kessel vom Herd nehmen, die Pflaumen mit einer Gabel herausnehmen und in Gläser füllen.
Den Kessel auf den Herd zurückstellen, den Zucker wieder große Blasen werfen lassen, weitere Pflaumenhälften hineingeben. So lange wiederholen, bis alle vorbereiteten Pflaumen gegart sind. Den Zucker ein letztes Mal aufkochen und den Sirup, der in die Gläser geflossen ist, dazugeben. Kräftig durchkochen lassen und den Sirup wieder in die Gläser gießen. Die obere Lage Pflaumen dabei mit einer Gabel leicht anheben, damit der Sirup überall hinfließen kann.
Auf die gleiche Weise kann man auch Aprikosenkompott herstellen.

Konserven

Conserves de cerises
Eingemachtes Obst

Die Einmachgläser gut säubern. Früchte, die viel Saft abgeben, wie Johannisbeeren, Kirschen oder Erdbeeren, sollten bis an den oberen Rand der Gläser geschichtet werden. Nur sehr wenig Wasser hinzufügen. Die Gläser verschließen, den Sicherheitsbügel umlegen und die Gläser aufrecht in den Kessel stellen, auf dessen Boden man ein Tuch gelegt hat. Kaltes Wasser bis zum Hals der Gläser auffüllen. Den Kessel zudecken, auf den Herd stellen und das Wasser sieden lassen. Die Vorsichtsmaßnahmen sind notwendig, da sonst die Gläser platzen könnten. Nach der Sterilisierzeit, bei Kirschen rechnet man mit 20 Minuten ab dem Siedepunkt, die Gläser im Kessel auskühlen lassen. Die Deckel der Gläser sollten jetzt hermetisch verschlossen sein.

Cerises à l'eau-de-vie
Kirschen in Alkohol

Schöne dunkle Kirschen aus Montmorency wählen, die Stiele halb abschneiden, in ein Einmachglas einschichten. 125 Gramm Zucker pro 500 Gramm Kirschen hinzufügen und mit klarem Schnaps (Kirschwasser oder Wodka) auffüllen. Die Gläser sollten nicht in die Sonne gestellt werden, auch nicht bei anderen Früchten. Nach 2 Monaten sind sie fertig.

Conserves de cèpes (Durand-Ruel)
Steinpilzkonserven (Durand-Ruel)

Schöne, frische Steinpilze gut waschen und bürsten, so dass die Pilze völlig von Sand und Erde befreit sind. Das Wasser dabei mehrmals wechseln. Auf ein Tuch geben und über Nacht trocknen lassen. Danach mit wenig Salz in Blechdosen einschichten. Die Dosen hermetisch verlöten. Anschließend in einen Kessel mit Wasser geben und 3 Stunden kochen.

Register

Wie es bei persönlichen Rezeptsammlungen ja häufig der Fall ist, fehlt bei einigen Rezepten eine Liste der benötigten Zutaten. Manchmal vermisst man auch genaue Mengenangaben, da in diesen Fällen die Zutaten nach den jeweiligen individuellen Vorlieben dosiert wurden. Obwohl ein Nachkochen dadurch natürlich erschwert wird, haben wir uns absichtlich weitgehend an den Originaltext und -ton gehalten. Aus einleuchtenden Gründen fehlen auch die Backofentemperaturen. Auch der Umgang mit Geflügel und Fisch entspricht nicht mehr den heutigen Standards.

Suppen und Eintöpfe

Eiergerichte

Saucen

Vorspeisen

Geflügel

Fleischgerichte

Wild

Fischgerichte

Nachspeisen

Kuchen zum Tee

Konfitüren

Konserven

Eine Pinte: 0,93 l

ERNEST (1837–1891) — ALICE (1844–1911)

CLAUDE (1840–1926) — CAMILLE (1847–1879)

Théodore BUTLER *Ehefrau*

- MARTHE
- BLANCHE
- SUZANNE
- JACQUES
- GERMAINE
- JEAN-PIERRE

Ehefrau

- JEAN
- MICHEL

JIM

LILY *Ehefrau* TEDDY TOULGOUAT

JEAN-MARIE TOULGOUAT

Bibliographie

Hélène ADHEMAR
Ernest Hoschedé, in: *Aspects of Monet,* Verlag Abrams, New York 1984.

Matthias ARNOLD
Claude Monet, Rowohlt, Reinbek 2006.

Janine BAILLY-HERZBERG
Correspondance de Camille Pissarro, Verlag Valhermeil.

Georges CLEMENCEAU
Claude Monet, Betrachtungen und Erinnerungen eines Freundes, Insel-Verlag, Frankfurt a. M. 1989.

Robert COURTINE
Catalogue de tableaux modernes dépendant de la collection de M. XXX
Hôtel Drouot, 14. April 1876
Maîtres Oudart et Barre.
Robert Courtine Balzac à table, Ed. Robert Laffont, Paris 1976.

William HARLAN HALE
Rodin et son temps, Verlag Time-Life, Paris (Reihe Le monde des Arts).

Jean-Pierre HOSCHEDÉ
Claude Monet, Verlag Cailler, Genf.

Claire JOYES
Monet et Giverny, Ed. du Chêne, Paris 1985.
Campagne de peinture in Claude Monet du temps de Giverny,
Ed. Centre Culturel du Marais, J. M. G.

Pierre LABRACHERIE
Petite Histoire des grands traiteurs parisiens, in: *La cuisine considérée comme un des Beaux-Arts,*
Ed. du Tambourinaire, Paris 1951.

Edgar LEROY
Nostradamus Artiste ès Confitures, in: *La cuisine considérée comme un des Beaux-Arts,* Ed. du Tambourinaire, Paris 1951.

Julie MANET
Journal, Ed. Librairie Klingksieck, Paris.

Anne-Marie NISBEL und Victor-André MASSÉNA
L'Empire à table, Ed. Adam Biro, Paris 1988.

P. L. PROST-LACUZON
Formulaire homéopathique, Ed. Librairie J. B. Baillière, Paris 1889.

Marcel PROUST
Les hautes et fines enclaves du passé, Ed. Le Temps Singulier.

Jules RENARD
Journal, Ed. 10/18, Paris.

John REWALD
Histoire de L'Impressionisme, Ed. Albin Michel, Paris.

Karin SAGNER-DÜCHTING
Claude Monet in Giverny, Prestel Verlag, München 2006.

Grace SEIBERLING
Monet in London, University of Washington Press.

Gerald VAN DER KEMP
Monet. Ein Besuch in Giverny, Ed. d'Art Lys, Versailles 1994.

Daniel WILDENSTEIN
Monet – Catalogue Raisonné – Tomes I, II, III, IV, Ed. Bibliothèque des Arts, Paris.
Monet, Taschen Verlag, Köln 2003.

Fotonachweis

Seite 13, 17, 2-1, 31, 42, 47, 54, 69: Sammlung Jean-Marie Toulgouat

Seite 15, 74: Musée d'Orsay, Paris © Spadem

Seite 33, 101: Sammlung Jean-Marie Toulgouat – Aufnahmen Truffaut

Seite 41: Museum Gulbenkian, Lissabon (Photo Giraudon) © Spadem

Seite 42, 97: Privatsammlungen (Photos Giraudon) © Spadem

Seite 55: Städelsches Kunstinstitut, Frankfurt a. M. © Spadem

Seite 58: Sammlung Jean-Marie Toulgouat – Aufnahme Durand-Ruel

Seite 72: Musée d'Orsay, Paris (Photo Giraudon) © Spadem

Seite 73: Musée d'Orsay (Photo Giraudon) © Spadem

Seite 99: Sammlung Jean-Marie Toulgouat, Aufnahme Kuroki